つねに幸せを感じる

アロマとチャクラのレッスン

8つのカラーと26の精油で「今」を変える

Kei.K Aroma Studio 主宰
小林ケイ

BAB JAPAN

プロローグ

それぞれの色を 10 秒間じっと見つめてみましょう。

（隣のページは、色が目に入らないよう隠してご覧ください）

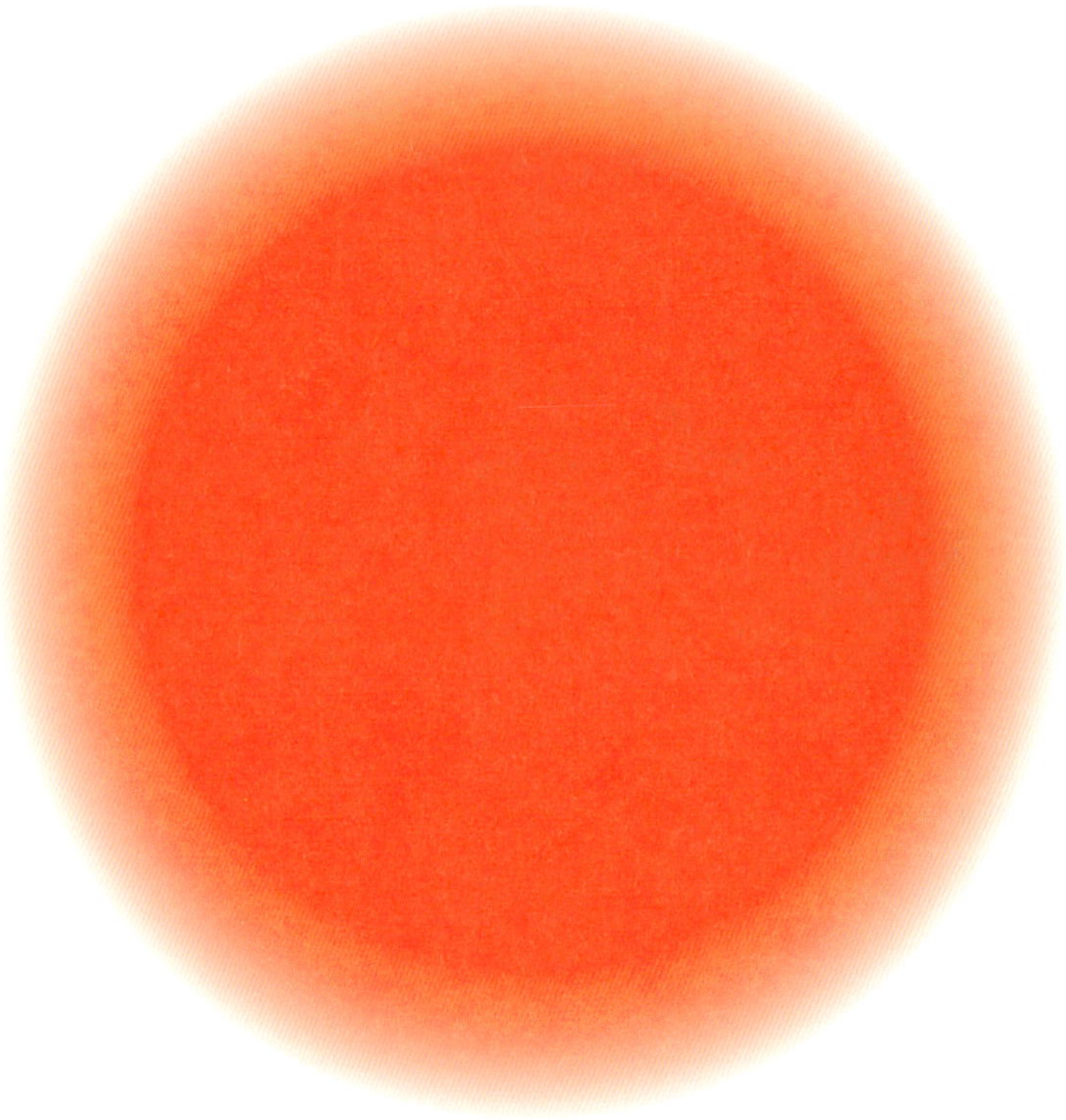

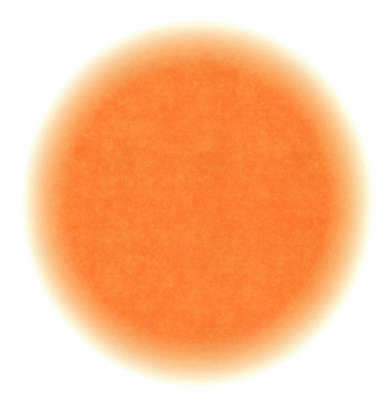

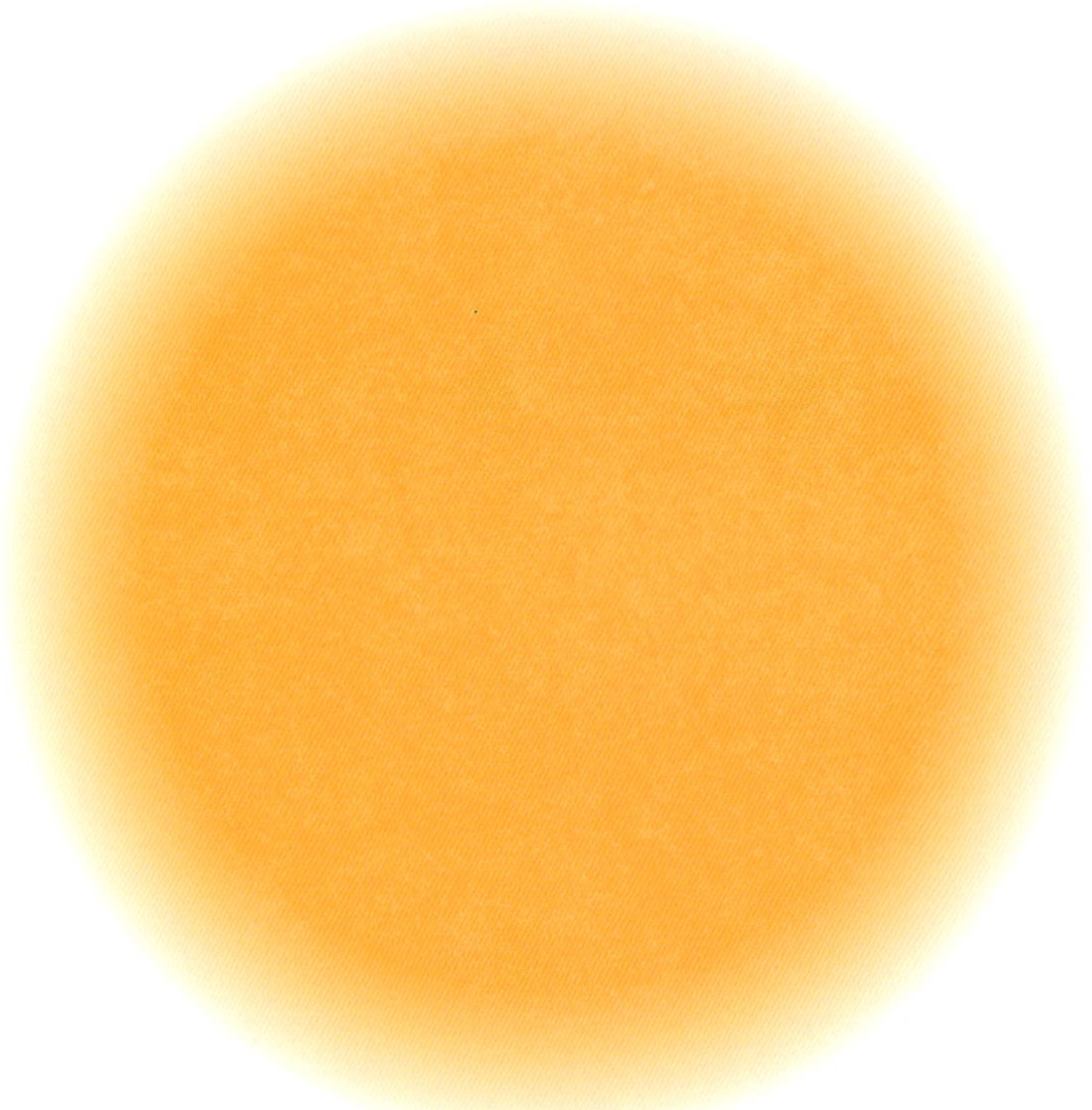

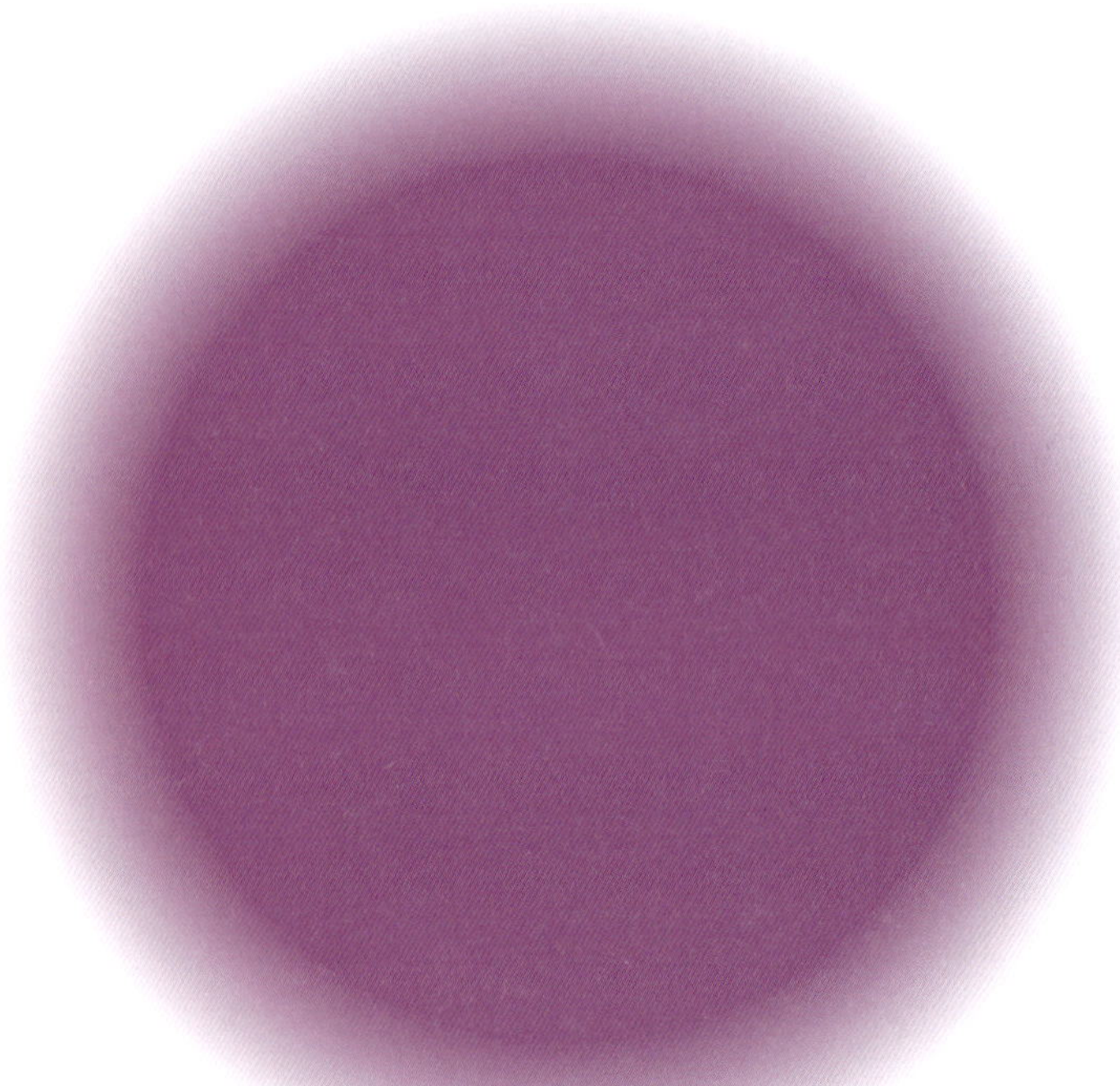

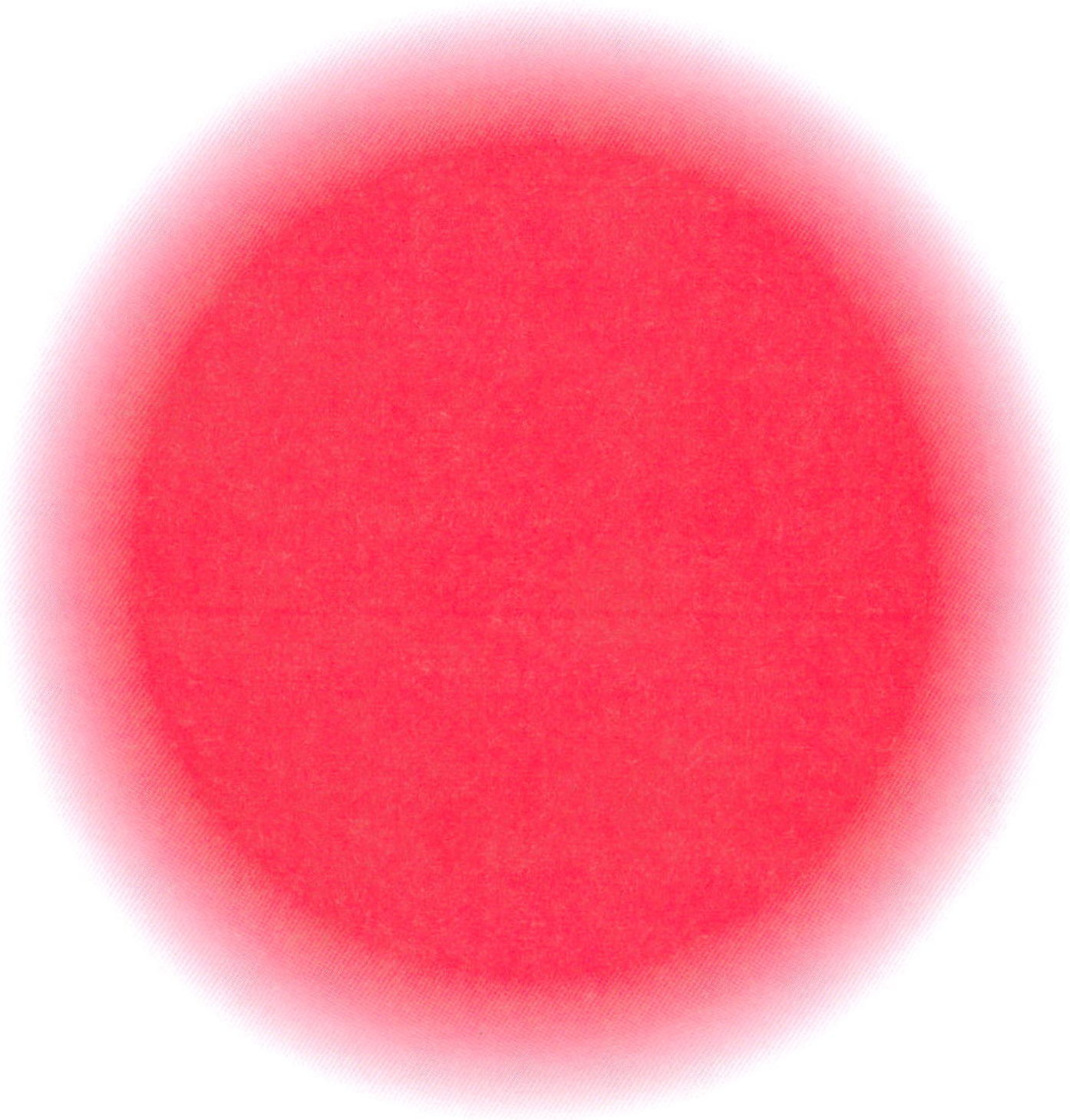

チャクラの位置

第８チャクラ
（頭上15cm前後上部）
第７チャクラ（頭頂）
第６チャクラ（額の中央）
第５チャクラ（喉仏の下）
第４チャクラ
（胸の中央）
第３チャクラ
（みぞおち）
第２チャクラ
（丹田）
第１チャクラ
（尾てい）

色が発するメッセージ

本書のはじまりに掲載されていた色で、心惹《ひ》かれたのは何色でしたか？　また、その色にどんな感覚を覚えましたか？　やすらぎですか？　ワクワク感ですか？　それとも普段感じないようなソワソワ感でしたか？　その感覚をじっくり味わってみてください。

なぜか惹かれる色――それは言い換えれば「その色のもつ波長（ヴァイブレーション）」に共鳴しているといえます。その色から派生するメッセージがＤＮＡに刻まれているため、私たちは無意識にそのメッセージを受け取ろうとしているのです。色からのメッセージを理解していくことで、自分らしい本当に幸せな生き方を創造することができます。その方法を、本書を通じてお伝えしていきたいと思っています。

私の元を訪れるクライエントや生徒さんの多くが、「今世の使命を知りたい」と言います。人生の目的やテーマ、自分は何のために生まれてきたのか？　当然知りたいですよね。

今世の使命。それは「自分自身を幸せにすること」です。何をしたから幸せになるということではなく、今という瞬間に幸せを感じ続けることです。

どのような職業に就けば幸せになれるか？　どんな人と結ばれたら幸せになれるか？　というこことよりも、どのような状況でも自分の内側が、つねに幸せで満たされていることが大切です。それができれば、自然と内側の幸せのヴァイブレーションが外の世界にも広がり、そこに引き合うものが現象化していきます。結果的に、あなたの目の前の現実世界には内側の幸せ度と同じものが必ず現れてくるというわけです。

そうは言っても「つねに幸せを感じ続けましょう」というのはなかなか難しいもの。思考優先になってしまうと、無理矢理でも幸せな気分になろうとして、思考のコントロールが止まらなくなるだけです。また、生きているとさまざまなことが起こります。不安になること。自信がなくなること。頭にくること。悲しいこと。そんな中で幸せを感じ続けられるわけがない、と思うかもしれません。

だから私は色や香りのパワーを使います。心地よいと感じる色を眺めているだけで、感情が落ち着いたり、気持ちが明るくなったりした経験はありませんか？　さらに香りは思考を飛ばして、たった0．1秒で脳を変えていきます。「好き！」と感じる香りであれば、あっという間に幸せ気分に浸ることができるのです。

そこで「香りのイメージング」を行うと、自分を客観視したり、感情の整理をしたりすることができます。香りのイメージを色鉛筆などで描いてみると、色のパワーでさらに心が解放されることもあります。

つらい出来事で感情的にもがいているとき、大事なのは、その渦に巻き込まれて自分を見失ってしまう前に、一秒でも早く脱出すること。そして自分を冷静に見つめることです。生きるうえで起きるさまざまな出来事。そこには必ず「成長のギフト」が詰まっています。表面だけにとらわれてただつらい、苦しいと感情的になってもがくだけでは、せっかくのギフトを受け取ることはできません。どうしてその出来事を体験しているのか？　それは自分にとって何を意味しているのか？　ということに気づく必要があるのです。

「でも……どうやって気づけばいいの？」と思った方は、ぜひ本書のテーマ、「チャクラ」の考え方を取り入れてみてください。

私がはじめてチャクラに興味を抱いたのは、エッセンシャルオイルの香りを嗅ぐと、特定の色のイメージが浮かんだり、身体の特定の部分に響く感じがしたりすることをたびたび経験したからでした。

たとえばグレープフルーツの香りを嗅ぐと、目の前に黄色いキラキラした光が浮かび、ちょうど胃のあたりが刺激されてお腹が空くような感じがします。ジンジャーの香りを嗅ぐと、真っ赤な温かいエネルギーが感じられて身体全体が元気になります。

なぜ、そんなふうに感じるのかを調べてみたところ、それぞれのエッセンシャルオイルの元となる植物の色や抽出部位が、チャクラの色や場所と重なっていることに気がつきました。

グレープフルーツの皮は、必ず黄色をしています。赤や青にはなりません。そのことから、グレープフルーツからは「黄色」という特定の波長が出ていることがわかりました。それが私たちの身体からも出ているチャクラの波長、なかでも黄色の波長とつながる胃のあたり（＝第3チャクラ）に働きかけることを知ったのです。

そこからチャクラのことをいろいろと学ぶようになり、さらに驚く発見がありました。

黄色はカラーセラピーでは「個性」の象徴の色。自分の個性をのびのびと表現したいと思っているときに心地よく感じる色です。そしてグレープフルーツの香りには、自信を失ってしまったとき、他者と自分を比べることをやめ「自分は自分のままでいい！」と自信を取り戻す力があります。さらに第3チャクラのテーマは「自尊心を高める」。黄色という色も、グレープフルーツの香りも、第3チャクラも、まさに同じメッセージを伝えてくれていることに気づいたのです！

エッセンシャルオイルの作用が身体だけでなく、心に対する働きやチャクラのテーマともつながっていることに、大きな驚きとともに興味をかきたてられました。それからエッセンシャルオイルの香りを楽しむときは、チャクラも自然と意識するようになりました。

チャクラというのは、決して特別なものでも怪しいものでもありません。人として成長していく過程で、学ぶべきテーマを教えてくれるシステムです。ひとつひとつのテーマをマスターしていくごとに、私たちは自分自身の人生への理解を深め、本来の自分らしい生き方に近づいていくことができます。そして、それをサポートしてくれるのがエッセンシャルオイルや色の存在です。

昔はチャクラを開くとなると、特別な修行が必要だったかもしれません。けれど、これだけ物質に富み、生活も保障され、私たちの意識も大きく開いてきている時代においては、楽しく人生を創造するための学びとして、香りや色をともなったチャクラ思想が広まっていくのではないかと感じています。

目次

contents

Part 5 無条件の愛　精油と第4チャクラ

Part 6 真実を語る　精油と第5チャクラ

contents

contents

Part 1

香りでチャクラにアプローチ

チャクラと身体の不思議

私たちの身体は、生きるために必要な生命エネルギーを「チャクラ」と呼ばれるポイントから吸い込み、心身を活性させています。生命エネルギーもチャクラも、目には見えませんが、昔から人々はその存在に気づいていました。生命エネルギーのことを中医学では「氣」、インドでは「プラーナ」と呼んでいます。肉体を保持するのは食べ物ですが、魂を成長させ、生まれてきた意味に気づき、人としての精神性や感情を発達させるために、生命エネルギーは大きな影響を与えているといわれています。

生命エネルギーは、身体全体を包み込むようにして「エネルギー体」と呼ばれるフィールドをつくり、他者や自然から発せられるエネルギーから自分を守ったり、他のエネルギーと共鳴したりしています。エネルギー体は、一般に「オーラ」とも呼ばれています。

こうした生命エネルギーを吸い込み、私たちの心身を活性させているのがチャクラです。チャクラとは、古代インドのサンスクリット語で「絶えず回り続けるエネルギーの渦」という意味をもちます。身体の中には無数のチャクラポイントがありますが、主要なチャクラは脊柱《せきちゅう》に沿って、第1チャクラから第7チャクラまで存在すると考えられています（本書ではさらにその先にある第8チャクラまで取り扱っています）。

面白いことに、七つのチャクラが存在する場所は、副腎、卵巣／精巣、膵臓《すいぞう》、胸腺、甲状腺、下垂体、松果体《しょうかたい》と、ちょうどホルモンの分泌腺の位置と重なっています。

ここで少し、ホルモンについてお話ししましょう。私たちの体内は、つねに一定の状態を保つようになっており、これをホメオスタシス（恒常性の維持）といいます。ところがこの状態が乱れ、いつもとは違う状況になると、ホルモンの分泌腺からホルモンが分泌され、体内を元の状態に戻そうとする働きが生まれます。

なお、ホルモンという名前は、「呼び覚ます」「刺激する」という意味をもつギリシア語「ホルマオ」に由来し、成長や代謝を促したり、眠っている身体を目覚めさせたりする作用があります。心拍、体温、身体の発育、代謝、睡眠、感覚など、あらゆる側面にホルモンが影響しており、私たちは肉体的にも、感情的にも、精神的にも「ホルモンに支配されている」といっても過言ではありません。そのくらい密接に、ホルモンの影響を受けています。そのホルモンと、私たちの生命エネルギーを吸い込むチャクラが同じ位置にあるというのは、非常に面白い事実だと思うのです。そして、アロマセラピーなどを通じてホルモンバランスを整えることは、そのままチャクラのバランスを整えることにもつながっていきます。本書では、各チャクラの概要をお伝えすると同時に、肉体や心にどのように作用するのか、そのチャクラに関連するカラーや香りなどについても、ご紹介していきます。

チャクラと色の関係

第1チャクラはレッド、第2はオレンジ、第3はイエロー、第4はグリーン、第5はブルー、第6はインディゴブルー、第7はヴァイオレット、第8はマゼンタというように、それぞれのチャクラ自体に共鳴する色があるといわれています。

繊細な感覚をお持ちの方は、それらの色を知覚できるようですが、私を含め、多くの人の目にこれらの色は映りません。けれどもチャクラ、つまり各ホルモンの分泌腺から発せられている波長（ヴァイブレーション）と共鳴する色が、私たちのエネルギー体を輝かせている、というイメージを持つことは可能だと思います。

波長というのは、名前のとおり波の形をしたエネルギーのことで、万物それぞれがもっている振動を意味します。近年、量子力学の世界でも、すべてのものは特有の波長をもっていると証明されてきていることをご存知の方も多いでしょう。なお、万物は、宇宙のあらゆるものをさし、すべての人間や動物、植物、物、色、さらには感情や意識など、目に見えないものも含まれています。

チャクラと香りの関係

さらに、チャクラは色と共鳴するだけでなく、エッセンシャルオイルなどの香りとも共鳴していると考えることができます。

これまでアロマ講師、アロマセラピストとして仕事をしてきた経験の中でも、エッセンシャルオイルの香りを嗅ぐと、特定のチャクラの場所でたしかに「響く」のを感じてきました。たとえば、ベンゾインを嗅ぐと第1チャクラが安定し、ベルガモットを嗅ぐと第4チャクラが活性される感じがするというように。

実はこれも当然の働きで、さまざまな植物から抽出されるエッセンシャルオイルは、まさに植物の生命エネルギーの塊といえます。香りを嗅ぐだけで元気になれるのは、植物のエッセンスが発する「氣」を、私たちの体内に取り込むからだといえるでしょう。

なお、エッセンシャルオイルには特定のホルモンを分泌させる力があることがわかっていますが、ホルモンの分泌腺とチャクラの位置が重なっていることから、エッセンシャルオイルにはチャクラの働きを活性する力もあるといえます。

ほかに、エッセンシャルオイルには、エネルギー体を強化する働きもあります。現代社会を生きる私たちは、日々の生活を過ごすだけでエネルギー体を弱めたり、傷つけたりしているので、この力はぜひ活用していただきたいところです。

なお、本書で紹介する香りはどれもそうなのですが、「この香りはこのチャクラにしか響きません」ということではありません。レッスンでお伝えするときにも、すべてに響く中で「特にここに響く香り」というニュアンスでお伝えしています。あなたの中では、どのような感覚で香りが広がっていくかということにも、意識を向けてみてくださいね。

色と香りでチャクラにエネルギーチャージ

でも、なぜ普通に生活をしているだけで、私たちのエネルギー体は弱ったり、傷ついたりしてしまうのでしょうか。

私たちは毎日のように人間関係に気を使い、職場では「ミスしないように」「このプロジェクトがうまくいくように」と緊張し、都市部では満員電車に詰め込まれての通勤や通学で、多くの気を浪費しています。

すると、私たちを取り囲むエネルギー体はだんだん弱ったり、傷ついたりして穴が開くことがあります。すると、そこから生命エネルギーである「氣」が漏れ出します。チャクラがそれを一生懸命に取り入れようとしても、一方で漏れて十分に入ってこないため、心身の働きを活性することができなくなってしまいます。さらに、外部の気が入ってきて、自分の心地よい状態を保てなくなってしまうのです。

身体の中の「氣」は食事や呼吸で補えますが、エネルギー体の「氣」を満たし、チャクラを活性させるのには、エッセンシャルオイルやカラーは非常に頼りになる存在だといえます。

チャクラとエネルギーフィールド

人間の身体には絶えずエネルギー（「氣」、プラーナとも呼ばれます）が流れています。

チャクラはエネルギーの流れの調整を行う出入口の役割をしています。

また、エネルギーを電気や磁気のようなものに変換するのも、チャクラの働きと考えられています。

各チャクラポイントは、つねに細やかに振動し、決まった周波数を出しています。それを可視化させると、特定の色と共鳴し、ちょうど虹色のグラデーションになります。

エッセンシャルオイルの元の植物の色も、ここに共鳴します（たとえば、ラベンダーの花の色はヴァイオレットなので第７チャクラの部分に響きます）。

チャクラから出たエネルギーは私たちの身体のまわりにエネルギー体をつくっています。エネルギー体は、オーラ、サトル・ボディなどさまざまな呼び方があります。中医学では衛《え》氣《き》と呼ばれ、外部の邪気から身体を守ってくれるものと考えます。

自分の内側のエネルギーが調っていると、チャクラからもポジティブなエネルギーが出ていきますからエネルギー体は活性し、イキイキとした存在感のある印象を与えます。

逆にエネルギーが乱れた状態になるとエネルギー体も弱くなり、何となく暗い印象になったり、近寄りがたい雰囲気になったりします。

エネルギーを消耗しすぎると、エネルギー体が薄くなったり、穴が空いたりして、人のエネルギーを感じすぎてしまったり、ウィルス感染などを起こしやすくなったりします。

エッセンシャルオイルというのは、いわば植物のエネルギーの塊。好きな香りを嗅ぐだけで身体の中にエネルギーが満たされ、バランスを調えることができます。

そのとき、特に必要と感じる香りがあれば、その香りがどのチャクラと関連しているのかを調べることで、自分に起きている人生テーマや不調の原因に気づくことができます。

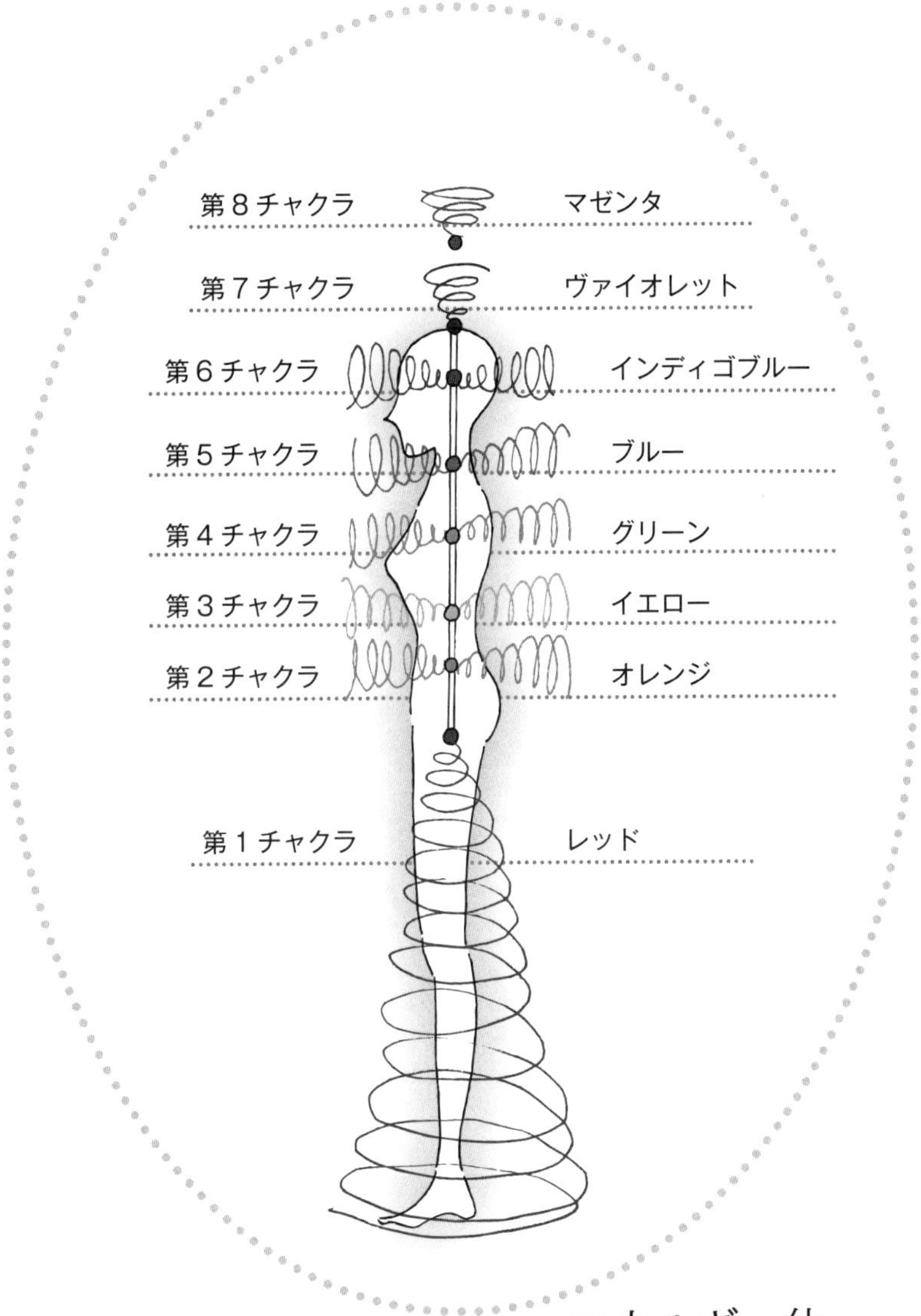
第８チャクラ
マゼンタ
第７チャクラ
ヴァイオレット
第６チャクラ
インディゴブルー
第５チャクラ
ブルー
第４チャクラ
グリーン
第３チャクラ
イエロー
第２チャクラ
オレンジ
第１チャクラ
レッド

エネルギー体

チャクラは年齢に応じて発達します

第1〜第7チャクラにはそれぞれ発達期があり、一般的には7年ごとにそれぞれの発達段階がやってくるといわれています。ただ現代は、時間の流れが昔に比べてかなりスピーディになっているので、生徒さんたちには「7年ではなく、3〜4年タームで次の段階に進むととらえてください」とお伝えしています。

さらに、自然に生きていると、チャクラは約30年周期で次の発達段階にステップアップすると考えられています。

そのため、チャクラの発達の第1タームは0〜30歳。この期間は、与えられた環境の中で自分という存在を創造していく、「個」としての成長時期といえます。

続く第2タームは31〜60歳。自分らしい人生を創造しながら、家族や職場、コミュニティなど社会での「役割」を通して、自分を成長させる時期となります。

第3タームは61〜90歳。この期間に私たちは「人」としての自分を確立し、生きることの豊かさを味わう時期となります。

ただ、一般的にこうした発達段階があるというだけで、その期間にしかチャクラは発達しないということではありません。自分自身の身体や心の状態と向き合いながら、いつでも気づいたときに、気になるチャクラを調えたり、活性させたりできます。

また、第1～第3チャクラは肉体に関わるチャクラ、第5～第7は精神に関わるチャクラ、第4チャクラは肉体と精神の橋渡しをするチャクラといわれています。

私たち人間は、ある程度まで同じような段階を経て、身体を成長させていきます。ところが、精神的な段階に入ると、20歳でも非常に成熟した精神性の高い考え方を持つ人もいれば、40歳になっても子どものままの精神の人もいます。特に精神性に関わる第5～第7チャクラの発達は、個人差が大きいといえるでしょう。

そのため発達期については、大まかな目安ととらえていただけたらと思います。それよりも「今の自分にはどのチャクラを活性させることが必要か」というところに意識を向けて、本書をご活用いただけたらと思っています。

チャクラに関わるもの

	1	2	3	4
発達期	0〜3歳	4〜7歳	8〜11歳	12〜15歳
テーマ	生きることへの安心感を育む	パートナーシップと自他尊重	個を確立し自尊心を高める	自己受容と他者への共感
位置	尾てい	丹田	みぞおち	胸の中央
ホルモン分泌腺	副腎	性腺（卵巣、精巣）	膵臓	胸腺
身体	肉体全体 血液 腎臓 骨格 脚部 尾てい骨	生殖器 膀胱 大腸 盲腸 骨盤 臀部	胃 肝臓 脾臓 自律神経	心臓 肺 胸郭
色	レッド	オレンジ	イエロー	グリーン
香り	ベンゾイン ベティバー パチュリ （ジンジャー） （ミルラ）	マンダリン・レッド フェンネル・スウィート クラリセージ （オレンジ・スウィート） （ジャスミンAbs.） （キャロットシード）	カルダモン レモングラス カモミール・ローマン （グレープフルーツ） （ジュニパー） （レモン）	ローズAbs. ゼラニウム ライム パルマローザ （マジョラムなどハーブ全般） （メリッサ） （ベルガモット）

	発達期	テーマ	位置	ホルモン分泌腺	身体	色	香り
5	16〜19歳	自分に誠実に生きるための選択	喉仏の下	甲状腺 副甲状腺	喉 気道 首 口腔内 耳	ブルー	サイプレス パイン・スコッチ ユーカリプタス・ラディアタ (ティートゥリー) (ラヴィンサラ)
6	20〜23歳	物事の本質を見る目を開く	額の中央	下垂体 (松果体)	脳 神経系 左目 耳 鼻 脊髄	インディゴブルー	ヤロウ タイム・チモール イモーテル (ペパーミント) (ローズマリー)
7	24〜27歳	今という瞬間に生きる	頭頂	松果体 (下垂体)	脳 神経系 右目 筋肉 皮膚	ヴァイオレット	ラベンダー・アルパイン スパイクナード サンダルウッド (フランキンセンス)
8	28〜30歳	自分で自分の現実を創造する	頭上15㎝前後上部	ホルモン全体	身体全体	マゼンタ	ネロリ アイリス アンジェリカ ローズウッド (シダーウッド・アトラス)

チャクラを知ることのメリット

チャクラの考え方は、時代や文化でそれぞれ違っています。宇宙の真理を体得しようという神秘家たちが、山にこもったり、滝に打たれたりという特別な修行によって七つのチャクラをすべて開き、覚醒することが目的とされる時代もありました。

そのため、現代でもチャクラというと、何か特別なこと、苦しい修行をすることで開くもの、ちょっと怪しいもの……などのイメージを抱く方がいらっしゃるかもしれません。

でも、チャクラというのは、生きている私たちに必ず備わっているもので、特別なことをしなくても、意識を向けるだけで感じることができるものです。その感覚をぜひ、ご自身でも感じてみてください。そこから、自分自身と向き合う道筋を見出してほしいと思っています。そうすることで、自分の新たな側面に気づいたり、これまで停滞していた人生の流れがスムーズに流れ出したりすることがあるからです。

人生の困難を乗り越えるツールとして活用

別離、嫉妬、停滞、欠乏など、私たちの人生には、さまざまなテーマをもった困難が訪れることがあります。もちろん、私のもとにも、そうした困難はやってきます。問題解決の糸口がなかなか見つからないと、体調も気分もすぐれず鬱々とした日々が続きます。けれど、そんな日々の中にいて、なぜか心が軽くなる香りというのがあるものです。

その香りを嗅ぐと、心がスッと楽になって落ち着きます。すると、自分と冷静に向き合えるようになります。「直面しているテーマは、自分にとってどんな学びがあるのだろう?」「自分やまわりにとって、どうすることがベストなのだろう?」ということを、自分の軸からぶれることなく考えられるようになるのです。

なぜ、その香りが気になったのだろうと不思議に思い、その香りを調べてみると、そのエッセンシャルオイルとつながっているチャクラのテーマが、ちょうど私が直面している学びのテーマとぴたりと一致しているのです。さらに、そのチャクラと共鳴している色を目にすると、なんとも心地よく感じ、言葉にならないやすらぎに浸ることができます。

これは、引き寄せの法則などと同じ宇宙の法則の一つ、「波長共鳴」といわれるものだということもわかりました。同じ波長を持つもの同士は共鳴し合い、影響し合うという法則です。これは人間関係にも当てはまります。なんとなく「氣が合う人」というのは、相手と自分の波長が合っているからこそ、お互いの考え方や思いに心から共感し合うことができ、これが「共鳴」となってお互いに響き合う関係を築くことができるというわけです。

これを知ったときには「なんてシンプルなのだろう！」と、チャクラに対するイメージが大きく変わりました。

古代から受け継がれてきたチャクラ思想は、特別なものでも、怪しいものでもなかったのです。これだけ物質的に豊かになり、最低限の生活が保障されている今、私たちの意識は大きく開いてきています。そんな現代においてチャクラの考えを取り入れるということは、自分の人生に対する理解をより一層深め、本当に望む生き方にシフトしていく際の心強い味方になってくれるに違いありません。

そして、その歩みをあと押ししてくれるのが、エッセンシャルオイルや色の存在であることにも気づきました。

チャクラの考え方を日常に落とし込み、自分が心から幸せだと感じられる人生を創造していくための学びの一つとして、各チャクラ、そしてそれらを活性させる香りや色を多くの方々に楽しんでいただきたいと思っています。

エッセンシャルオイルと色から得る気づき

みなさんがエッセンシャルオイルを使うときは、どのようにして香りを選んでいますか？　私は必ず、その瞬間「この香りが好き！」と感じるものを選びます。もしくは、なぜか今の自分に必要と感じるものを選ぶようにしています。どちらの場合も、香りと自分が同じ波長で引き合っているような感覚です。

逆に、「苦手……」と感じる香りは、基本的に使いません。匂いの感覚は本能と直結しているので、脳は苦手と感じる匂い＝ストレスとして受け取ります。そのため、その香りが心や身体にポジティブに働きかけてくれるとは思えないからです。

生徒さんから「苦手と感じる香りにも、意味があるのですか？」と、よく聞かれます。その答えは、もちろん「Ｙｅｓ」です。

苦手ということは、その香りの個性を受け入れられないということ。ラベンダーの繊細な香りを嗅いだとき、ご自身の繊細さに気づきたくない、弱さを認めたくないという方が「この香りは強すぎて頭が痛くなる」と敬遠するのはよくあることです。

自分の中にある個性の一つではあるけれど、今はそれに向き合うタイミングではない、あるいは、まだ向き合う準備ができていないというときには、その香りを苦手と感じることがよくあります。今の自分にはまったく響かない、必要としない香りも、苦手と感じるかもしれません。でも、また違うときに嗅いでみると、心地よい香りとして感じることも多々あります。自分と香りのタイミングというのも、不思議なものですよね。

香りと同様に、色も特定の波長を放っていますから、その色を見たときに「好き」もしくは「嫌い」という感情が出てきます。「好き!」と感じるということは、その色にご自身が共鳴しているサインです。もし、なんだかイヤだな……と感じるときは、その色と今の自分はまだ向き合うタイミングではないといえるでしょう。

好きも嫌いもどちらも平等な感覚で、どちらが良い、悪いということはありません。そのときの感覚を素直に受け取ってみてください。

そのような感覚でエッセンシャルオイルや色と向き合っていくと、思いもよらない気づきを得ることが次第に増えていきます。あなたが選んだ色、そしてそれに関連するチャクラやエッセンシャルオイルを知ることで、今、ご自身がフォーカスすべき人生のテーマが明確に見えてくるはずです。頭ではなく心を開き、香りと色をヒントに自分が今置かれている状況を冷静にとらえ、体調や心の状態、本当の願いや望みなどについて、探っていきましょう。

column

「補色」で見つめるチャクラのテーマ

「補色」という言葉を聞いたことはありますか？　パソコンで文字色を決めるときなどに見られる色相環（カラーサークル）で一番遠い位置関係の色。つまり「真逆の色」同士のことです。真逆というとまったく異なる性質のように感じますが、線でつなげば一直線になる、つながりの深い関係です。補色関係のチャクラのバランスがとれていると、調和が生まれ、チャクラのテーマのエネルギーが強化されます。

たとえば第1チャクラ（レッド）と第4チャクラ（グリーン）。第4チャクラのテーマは「愛」。自分を愛することというのは、自分が望むことをしてあげること。自分の素直な心に従って生きることからはじまります。そこで大切になるのが、第1チャクラのテーマである「行動力」。こうしたいと願うだけでは、現実は何も変わりません。実際に自分の肉体を使って行動することで、はじめて愛の感覚を体験できるのです。逆にこのバランスが崩れると、葛藤が生まれて真逆の感情や行動に自分で振り回されることになります。

ほかに、第2チャクラ（オレンジ）と第5チャクラ（ブルー）、第3チャクラ（イエロー）と第7チャクラ（ヴァイオレット）も補色の関係です。詳細については、72、98、128ページのコラムで紹介していますので、参考にしてみてください。

互いに補い合う組み合わせなので、意識してみるとチャクラのテーマもより深い気づきがあるかもしれません。「このチャクラのバランスが崩れているかも……」と感じたときは、合わせて補色のチャクラにも注目してみてください。

色相環

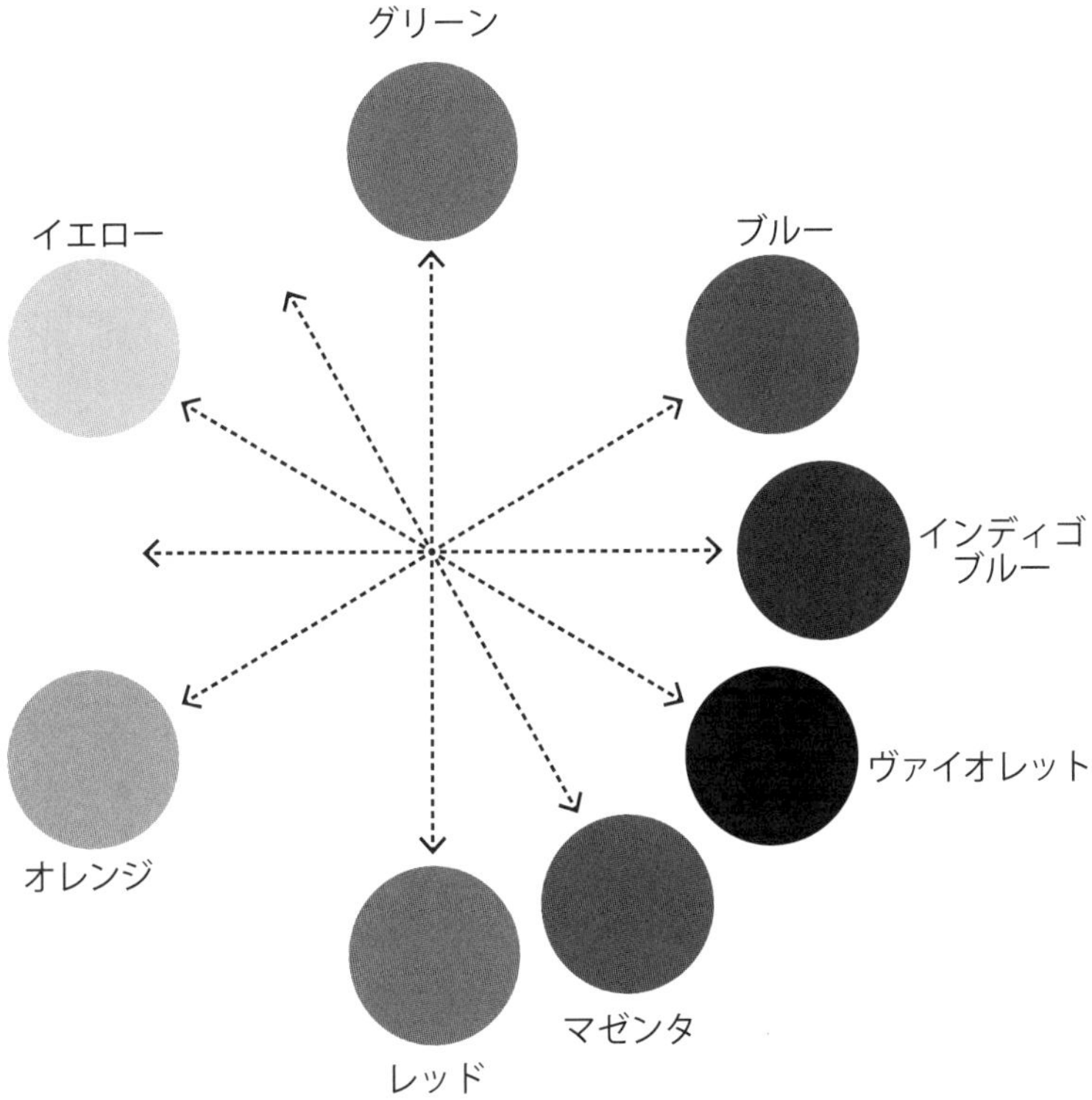

Part 2

人生の基盤

精油と第１チャクラ

第１チャクラと共鳴する精油

ベンゾイン
ベティバー
パチュリ

第1チャクラのテーマ

第1チャクラは一般にベースチャクラ、基底のチャクラとも呼ばれ、サンスクリット語では「ムーラダーラ」(土台、根、支えるものという意味)といいます。私たちが生きていくうえでの人生の基盤、そして心身の基盤をつくる大切なチャクラです。

人は誰もが赤ちゃんとしておなかの中にいるとき、へその緒でお母さんとつながっています。そして、この世に生まれてへその緒が切られた瞬間から、私たちは1人になります。第1チャクラは「1」という数字をもっており、私たちが1人になった瞬間から3歳までがこのチャクラの発達期となります。日本はとても智慧が豊かな国なので、「三つ子の魂百まで」という言葉がありますよね。この言葉どおり、3歳までの育ち方や環境が、その後の一生を決める大事な土台になると考えられています。

3歳までの子どもというのは、自分では何もできません。「おなかが空いた」と泣けば、母親におっぱいを飲ませてもらえますし、「うまく眠れない」とぐずれば、抱っこして寝かせてもらえます。このことから、**自分が求めれば必要なものはすべて与えてもらえると**

いう「生きることに対する安心感」を育むのが、第1チャクラの最大のテーマとなります。

3歳まで安心できる家庭環境で育つと、心と身体の土台が安定するので、自分の人生に揺るぎない自信と安心が生まれます。そして、成長してからどんな困難に遭ったとしても、「それらは自分に必要なことだから与えられているのだ」と受け取れるようになります。

そうは言っても、なかなかそのような安心感たっぷりの中で育つというのは難しいもの。たとえば、2歳くらいのときに下の子が生まれたとしましょう。両親からすれば、2人の子どもはどちらもかわいく、平等に愛しているはずなのです。ただ、物理的にはどうしても下の子に手がかかるため、そちらの世話に時間がかかってしまうと、上の子が両親に対し、「下の子のお世話ばかりして！」と怒りを感じたり、「どうせ私は愛されていない」と誤解してしまったりします。それにより、上の子は、本当はあるはずなのに愛の不足を感じてしまい、自分の中に不安な精神状態をつくり出してしまいます。そうなると人生の基盤が不安でいっぱいになってしまい、生きていくうえで、何をやっても不安を感じるようになっていくのです。

その一方で、親の目を自分に向けてほしいと考えるようになり、二つのタイプの行動に出ます。一つは「いい子」になること。まだ2歳の幼児なのに、下の子に「お着替えさせてあげる」「ミルクあげるね」など、一生懸命にお世話をしてあげようとするのです。そうすると、母親から「あら、いい子ね」と褒めてもらえます。

そこで「いい子にしているとお母さんに認めてもらえる」「がんばれば認めてもらえる」という基盤がつくられていくので、成長してからも「人一倍がんばれば認めてもらえる」と思ってしまうのです。逆をいうと「がんばらないと認めてもらえない」という漠然とした不安の中にいつもいるので、大人になってからものすごく仕事熱心になったり、仕事で評価を得て認めてもらうことに固執してしまったりする場合があります。

もう一つは「赤ちゃん返り」です。赤ちゃんと同じように「私だってできないんだ」とアピールすることで親の関心を引き、お世話をしてもらおうとするのです。こうした体験が基盤にあると、成長してからもあえて「できない自分」を見せることでまわりの気を引こうとする傾向が出てきます。身体が弱かったり、気分がころころ変わって不機嫌になりやすかったりするのです。そのような自分を周囲に見せることで、「どうしたの?」「大丈夫?」と気にかけてもらい、安心感を得ようとするのです。

なお、きょうだいが多い場合は、自分から取りに行かないと、親の気持ちも食べ物もなかなか手に入りません。そうなると、いつもきょうだいと争って奪い合うことになるので、人生の基盤が「サバイバル」になります。与えてもらうことを十分に体験していないので、つねに競争して勝たないと、欲しいものを得られないという思いが根づいてしまうのです。そういうパターンをお持ちの方は、大人になってからも「競争で勝たなければ」という不安の中でいつも生きているため、ワーカホリックになる傾向が強いといえます。

ただ、決してこうした環境が悪いということではありません。逆の見方をすれば、それはその人だけのギフトともいえるからです。第1チャクラの「1」という数字は、「自立」というテーマも持っているため、「私は自分で自分の人生を築く」という決意のパワーにつながります。幼少期につらい思いをした分、このギフトのおかげで、大人になってから自分で自分を満たす術を身につけることができ、自分の力で人生を1から築き直すという人も少なくありません。

安心を感じられず、漠然とした不安を感じて生きている人は、このように幼少期のなんらかの出来事が影響している可能性があります。そうした場合は、第1チャクラをご自身でケアすることで、いつからでも自分自身に「安心感」を与えていくことができます。

魂の根っこですべてとつながっている

第1チャクラには「すべては一つ」というテーマもあります。もともと私たちの魂は宇宙意識としての一つの存在（ワンネス）でしたが、一つだけではさまざまな経験を積むことができません。そこで魂は豊かさを求め、個々に分化することで私たちが存在しているという考え方があります。

魂を表す言葉には、Soul と Spirit とがありますが、一つの存在としてある魂のことを Soul、そこから分化して個々の意識を持った魂を Spirit ととらえると、わかりやすいかもしれません。

私たちはもともと一つの存在。「人類みな兄弟」という言葉どおり、もともと一つだからこそ、そこから分化した私たち一人ひとりの Spirit はさまざまな体験をしたいと思い、「私はこんな人生を歩んでみたい」「僕はこんな学びをしていきたい」などと自分自身で人生のテーマを決めてこの世に生まれてきています。

ですから、**ほかの人の真似ではなく、「自分はなんのために生まれてきたのか」を考えながら、「自分らしく生きる強さ」を育むということも、第1チャクラの大切なポイントといえます。**

すべては一つ

たくさんの体験をして
「豊かになりたい」

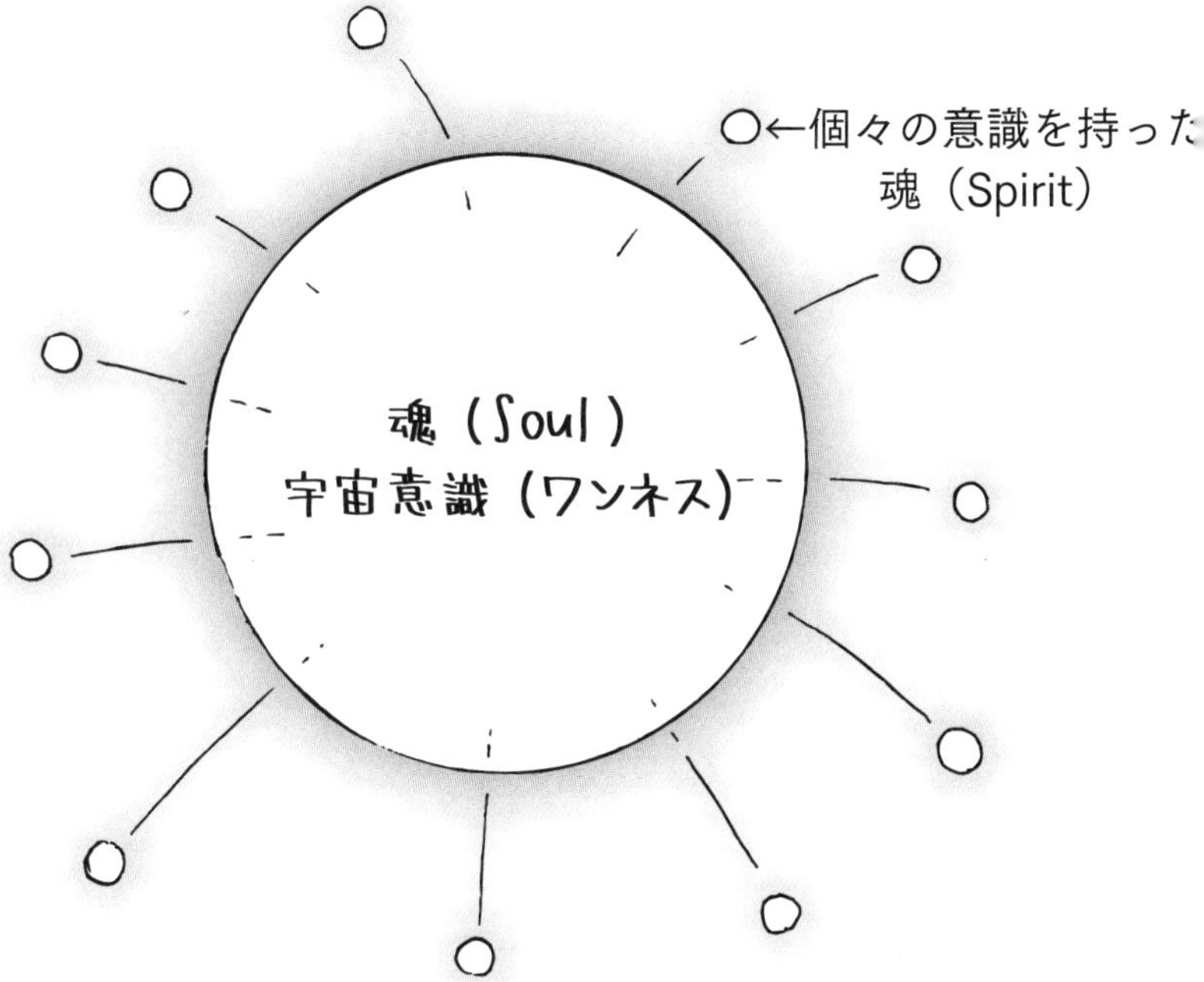

一人一人（全員）違った人生の目的や
テーマを決めて生まれてきます

それでも「自分らしく生きる」ということに、怖さや抵抗を感じる人がいるかもしれませんね。その感じは、ご自身の過去の出来事のどこからくるのでしょうか。これまで生きてきた中のある時点で、自分らしく生きるのを怖いと感じたり、抵抗感をおぼえたりしたのかもしれません。その思いに気づいたとき、私たちは魂レベルでみんなとつながっているのだということに、意識を向けてみてはいかがでしょうか。目には見えないつながりを感じ、そこからの安心感をおぼえることで、その怖さや抵抗感は、少しずつ和らいでいくでしょう。そして自分だけの人生を生きていいんだと、安心できるはずです。

魂レベルというと、実感がわかずピンとこない人がいるかもしれませんが、その縮小版が家族です。「自分自身が帰属する場」という意味では、学校のクラス、チーム、職場などもこれにあたります。「そうした場所でみんなと一緒にいると、安心して自分らしくいられる。私は私のままでいい」――こんなふうに、**自分が帰属する場所で守られている感覚を養うことでも、不安定だった第1チャクラは安定しはじめます。**

関連するホルモン分泌器官　副腎

ホルモン分泌器管の副腎は、左右の腎臓の上部にあり、ピラミッド型をしています。ストレスに対処するホルモン「コルチゾール」をはじめ、生命の維持に欠かせない、さまざまなホルモンを分泌しています。

長期にわたってストレスを感じると、コルチゾールを分泌し続けることとなり、副腎が疲弊してしまいます。この状態を「副腎疲労」といい、代表的な症状は、朝起きられない、慢性的な疲労感、無気力など、うつ状態と非常によく似ています。副腎疲労の場合は、ビタミンB群の摂取を心がけるなど、食事の質を変えることで、改善することができます。

クライエントや生徒さんたちの声を聞いていると、多くの人がストレスを一番感じるのは「仕事」だと言います。残業続きの毎日、疲れていても休めない、自分の人生は仕事を中心にまわっているよう……そのように感じている人たちは、自分の基盤が不安でいっぱいなのかもしれません。

人一倍がんばらないと認めてもらえない感じがする。
自分の内側に無条件の安心がないから、仕事で評価をもらおうとする。
お金の心配が大きくて、自由に仕事を選べるなんて思えない。

そんな思い込みから過度な仕事を抱え込み、副腎に負担をかけてしまっていませんか？
もし、思い当たることがあるならば、第一チャクラをケアして、自分に安心・安全な感覚を与えてあげましょう。腎臓と副腎のある部分（疲れたときに自然に腰をトントンたたく場所）を日頃から温めたり、マッサージすると効果的です。

また、ストレスというのは精神的なものだけでなく、食生活の偏りによる栄養不良、気温の変化、大気汚染など肉体的なものも含みます。**第1チャクラは肉体そのものとつながっているので、栄養たっぷりの食事、適度な運動、心地よいマッサージなど、肉体を大切にすることは第1チャクラを強化するうえで欠かせません。**

ほかにも、グラウンディングして、大地のエネルギーとつながることが大切になります。身体でいうと、第1チャクラは腰から下の下半身、そして肉体そのものとつながっています。**自分の足で立ち、自分の人生を生きていくという自己実現能力と関わりがあるチャク**

ラでもあります。

そのため、**第1チャクラのエネルギーが強いと、物質的に必要なものを引寄せる能力も高まります。**肉体をしっかり整えていくと、3カ月くらいから身体の調子やチャクラのバランスに変化が感じられ、早い人で半年、遅くても1年くらいで肉体とともに第1チャクラの安定も実感できるでしょう。

人生の基盤がぐらついている、人生に対する根本的な考え方に不安があると感じるときは、まず肉体から変えていくことをおすすめしています。肉体は物質なので、ケアすることで変化していくのを実感できるのも、メリットの一つといえます。

なお、授業でチャクラワークをすると、「私は第5チャクラがテーマみたい」「私は第6チャクラを開きたい……」など、上のほうのチャクラにご自身のウィークポイントを感じる生徒さんが多いのです。それでも、よくよく自分を見つめていくと、第1チャクラがすべての根源であることに気づき、「やはり、第1チャクラの基盤が一番大事ですね」と言われる方が非常に多くいらっしゃいます。もし、どのチャクラから調えたらいいかわからないという場合には、まずは基盤となる第1チャクラから調えてみてくださいね。

エネルギーのカラー　Red　赤

自然界の象徴：大地（赤土）、血液、炎、太陽（男性性）
「レッド」のテーマ：自立、スタート、現実、進化、グラウンディング

自然の中にあるレッドは、大地を覆う赤土のイメージです。大地ということから、どっしりとした揺るぎない安定を感じさせる色です。**レッドには、地に足をつけて自分の足で現実を生きる「グラウンディング」というテーマがあります。**私たちが生きる現実社会は物質社会でもあるので、必要なものやお金を自分の力で手に入れる現実力とも関わりがあります。**自分の人生を生きる！　と決意している人はレッドに心地よさを感じますが、人生に対して自信がない、進むべき道を決断できない、お金など社会に対して不安があるという人にとっては、エネルギーが強くて不快を感じる色かもしれません。**

レッドは私たちの血液の色でもあるため、肉体そのものに関わる第1チャクラの色でもあります。体力やバイタリティに関連し、レッドを見たり、身につけたりするだけでも肉

体が活性します。

燃え盛る炎の色という象徴もあるので、レッドからは熱さや温かさのイメージが生まれ、情熱、正義、人情の色ともいわれています。困っている人を見ると手を差し伸べずにはいられない、間違っていることを見て見ぬふりはできない。そんな思いを持っている人は、レッドの波長を心地よく感じるでしょう。

そして、私たち人類は炎を扱えたため、文明を進化させることができました。そのため、レッドには進化や革命という象徴もあります。**レッドが好きな人は現状に満足せず、もっと良いものを、もっと優れたものをと、物事を探求して形にすることに、人一倍の情熱を持って取り組むことができます。**

この情熱や能動的なエネルギーから、陰陽でいうとレッドは「陽」＝男性性の質の色といえます。なお、レッドの補色はグリーン。グリーンは第4チャクラを表す色なので、第1チャクラと第4チャクラは補色の関係にあり、互いを補い合うチャクラであるといえます（詳細はP39参照）。

カラーセラピーの観点からみると、レッドが気になるときというのは、次のようなことが考えられます。ぜひ、ご自身の状態を知る目安にしてみてください。

バランスがとれているとき

・何か新しいことをはじめようと思っている
・やる気がみなぎっている
・地に足をつけて現実的な思考で生きている

バランスがとれていないとき

・疲れきっている
・怒りやフラストレーションをため込んでいる
・お金などの物質的なものに対する心配がある

レッドの波長をもつエッセンシャルオイル

第1チャクラと関連の深い香りは、落ち着きのあるベースノートに分類されるものが多く、レッドの波長と共鳴します。植物の部位でいうと根の香り。肉体にエネルギーを注いでバイタリティを高める、ジンジャー、ベティバー、スパイクナードなどが代表的です。根ではありませんが、土の香りを感じるパチュリもグラウンディングの作用が強力です。

また、ベンゾインやミルラ、トルーバルサム、バニラなど、赤茶色をした粘性の高いエッセンシャルオイルも、そのままレッドの波長につながります。

頭で考えすぎてなかなか行動に移せないとき、これらのエッセンシャルオイルは頭に上がったエネルギーを足元に降ろしてくれます。そして、「現実は行動から生まれる」ということを思い出させ、小さな一歩を踏み出す後押しをしてくれます。

ここでは、第1チャクラに関連するエッセンシャルオイルとして、ベンゾイン、ベティバー、パチュリの3種を詳しくご紹介しましょう。

ベンゾイン／Benzoin

学術名：*Styrax benzoin*
科名：エゴノキ科
抽出部位：樹脂

特徴は「バニラエッセンスのような」と表現される甘い香りです。陰陽でいうと「陽性」、温かさが特徴の香りでもあります。和名は安息香というとおり、やすらぎを感じながらホッとできる樹脂の香り。これは**第1チャクラの最大のテーマともいえる「安心感」とつながるのにぴったりの香りです。**

アロマセラピーに詳しい人はご存知だと思いますが、樹脂の香りというと、ほかにミルラやフランキンセンスがあります。ミルラはエジプト時代に薫香として使われた香り、フランキンセンスはイエス・キリストが誕生した際に捧げられた香りとして有名ですが、ベンゾインはさほど表に出てきません。それでも、東洋のフランキンセンスとも呼ばれ、神聖な薫香として使われてきたという歴史をもっています。

樹脂というのは、木が傷つけられたときに木肌を守るために分泌されるものなので、保護作用が強いという特徴があります。これは、樹脂から採れる香りの特徴といえます。幼少期から非常に周囲に気を使って育ってきた人、虐待を受けたことのある人などは、ベンゾインを選ぶ傾向があります。そこまでハードな体験がなかったとしても、きょうだいの面倒をいつもみていた、両親が忙しくてなかなか自分のニーズを伝えられなかったなどの経験がある人も、ベンゾインを好みます。

そういう人たちは、大人になった今でもつねに周囲に気を使ってエネルギーを消耗してしまうため、「氣」が不足して肉体の状態も乱れがちです。そんなとき、「氣」が外に漏れていかないようにするためのプロテクションとして、ベンゾインはおすすめの香りです。

守られているという安心感を得る香り

本来であれば保護されるべき幼少期に、保護者から守られたという感覚があまりなく、否定や愛の不足を感じていると、自分の内側にやすらぎを育むことができません。そうした幼少期を過ごした人たちは、大人になってもやすらぎの感覚を得ることができず、いつも不安な状態を生み出してしまいます。

海外の文献によると、ベンゾインの香りは「使いなれた毛布のような香り」「テディベアのような香り」とも表現されています。包まれるだけで安心する、いてくれるだけでホッとするというような比喩をもつ香りというわけです。

満足感というのも第1チャクラのテーマなので、ベンゾインの甘い香りから、**「満たされる」**という感覚を取り込んでもらえたらと思います。

なお、ベンゾインの「甘さ」は、陰陽五行でいうと「土」の性質をもった香りになります。グラウンディングの作用が強いので、心配性の人やあれこれ考えすぎてしまう人におすすめです。こうしたタイプの人たちは、子どもの頃、求めれば応えてもらえるという安心感を十分に受けていないので、「あれをやらなきゃ、これもやらなきゃ」「この場ではどういう立ち回りをしたら、認めてもらえるだろう」など、頭にエネルギーが上がりがちです。そんなときはベンゾインの甘い香りを嗅ぐことで、**頭に上ったエネルギーを足元に下ろし、考えすぎや心配しすぎな思考を手放すことができます。**

また、「氣」を消耗すると、中医学でいう「氣鬱」「氣滞」という症状が出ます。理由もなく不機嫌になったり、イライラしたり――そういうときにこうした甘い香りを嗅ぐと、満たされた感覚になるので、意味のない怒りやイライラ感が落ち着きます。

おすすめの使い方

がんばりすぎてクタクタという人は、マッサージに用いることでバイタリティを高めることができます。それと同時に、消耗したエネルギーを保護して「やすらいでいいよ」という安心感、肉体には元気をチャージしてくれます。

ベティバー／Vetiver

学術名：*Veiveria zizanioides*
科名：イネ科
抽出部位：根茎

ベティバーは植物の根の部分から抽出された、繊細で非常に深い香りです。その根は土の中で2、3mも伸びていきます。地中深くに根を伸ばすということからも、大地とつながる力が非常に強い香りであることがわかります。地中深くに根を伸ばすからこそ、上へ、上へと茎や葉を伸ばすことができるという原理を教えてくれる香りです。

ベティバーの場合は強力なグラウンディングを促すと同時に、スピリチュアリティを高めてくれます。第1～第7チャクラまでを統合する香りとしても有名です。肉体と魂を結びつけて、その人自身の統合を促します。

そこから、**「スピリチュアリティというのは現実の中にある」という真実に気づかせてくれます。**現代はスピリチュアルなものを求める人が多く、意識を高めたいなど、目に見えないエネルギーに対する関心が非常に高まっていますが、その土台となるのはこの現実社会であり、私たちがまとっている物質の肉体であるというわけです。

精神の受け皿というのは、私たちがもっているこの肉体です。そのため、どんなに精神を崇高なものにしたとしても、受け皿となる肉体のレベルが低ければ、人生で起こるさまざまな出来事を乗りきることができません。ですから、自分の身体をケアしたり、適度に運動したりして肉体のエネルギーを高めることがとても大事になってきます。

不安や焦りを消し去り穏やかさを与える香り

スピリチュアリティを高めたい場合は、いきなり精神性のチャクラを活性するのではなく、まずは第1チャクラを意識してもらえたらと思います。そのバランスをとってくれるのがベティバーの香りといえるでしょう。

とても繊細な香りなので、この香りを嗅いでいるだけでも次第に感覚が細やかになっていきます。そうなることで、現実世界の中のさまざまな側面にスピリチュアリティが宿っていると気づいていくことができるようになります。

ベティバーはベンゾインと違い、陰陽でいうなら陰性で、冷やす作用をもっています。そのため、穏やかに静けさを与えてくれる香りともいえます。不安や焦りがある人の気持ちを落ち着ける効果も期待できます。いつも何かに追い立てられるかのように、「もっともっとがんばらなくてはいけない！」とヒートアップした状態の人に用いると、深いリラックス状態に導いてくれます。

おすすめの使い方

トリートメントに使うことで、その効果を感じることができます。ベンゾイン同様、バイタリティの回復にも有効です。神経を休ませながらも肉体に多くのエネルギーを与え、自分の中にもう一度、元気とやる気を注ぎ込んでくれるような香りです。

また、エネルギー体（オーラ）を浄化する作用もあるので、セラピストにもおすすめの香りです。伝統的な方法として第1と第3チャクラはつながっているので、第3チャクラあたりのみぞおちにベティバーを1滴、反時計回りに塗ると、他者の感情に共鳴しやすい共感能力の高い人は自分自身をプロテクトすることができます。

ほかにも、1滴手に取って両手になじませてから、エネルギー体のまわりに香りを沿わせてシールドを強化するという方法を取ると、肉体への影響を防ぐことができます。このように、香りはエネルギー体を守るプロテクションとしても、非常に役立ちます。

パチュリ／Patchouli

学術名：*Pogostemon cablin*
科名：シソ科
抽出部位：葉

グラウンディングして現実と向き合うときに役立つ香りです。パチュリは土が肥えていないと育たないハーブなので、大地の滋養をたくさん吸収しています。そうして育った葉の部分からエッセンシャルオイルを抽出しているのですが、つくり方が珍しいというのも特徴の一つです。

摘み取った葉を乾燥させ、さらに発酵させてから蒸留するので、ウイスキーやブランデーなどの洋酒と同じように年数を重ねるほどに香りが高まっていきます。こうした背景から、じっくり時間をかける、発酵のための手間暇をかけるなど、着実さや丁寧さ、豊かさを感じさせる香りでもあります。

第1チャクラのテーマにもある「求めて豊かに満たされる」という部分とリンクし、「**現**

実に豊かさを求めていいんだ」という気づきを与えてくれます。目の前の現実が満たされて「必要なものはすべてある」と満足していると、パチュリの香りを心地よく感じられます。ところが、現実に対して「私が望むのはそうではない」という感覚を持ち、目の前にある豊かさを受け取れていない状態にあると、この香りは不快に感じるかもしれません。

また、人生の基盤が見つからず、自分はどう生きたらいいのか、自分とはどういう存在なのかがわからない人にとっても、苦手と感じる香りのようです。パチュリは、今の自分の心の状態を知るバロメーターにもなるといえるでしょう。

逆に、この香りが好きな人は、土台をしっかりとつくり、そこに経験を積み上げていく感覚が好きという傾向があります。**「いくらでも、いつからでも、人生は変えられるんだよ」ということに気づかせてくれる香りなので、そういう人たちは第1チャクラを整えようと思ったら、コツコツ努力し、必ず結果を出すことができます。自分の軸を持ち、さらにご自身の基盤をしっかりさせたい人にもおすすめです。**

以前、「パチュリの香りはどうしても苦手」という生徒さんがいたのですが、数年後に突然「パチュリの香りがこんなにいい香りだとは思わなかった」と言いはじめました。あれ?と不思議に思い、「なにか環境の変化でもあったの?」と聞いたら「結婚が決まったんです」と笑顔で答えてくれたのです。

自分のグラウンディングする場所が決まったことで、その現実をすごく豊かなものとして受け取っているのだなと感じました。

満たされない欠乏感を埋めてくれる香り

そのほか、パチュリはダイエットにも非常に役立ちます。肉体の質を変えるときに、ぜひ活用してみてください。第1チャクラが乱れている人は、不安を感じることで食べ過ぎてしまうなど、食生活が乱れていることが多いのです。満たされない何かがあり、それをどうにかカバーしようとするとき、食べるとすぐ落ち着けるので「食」というのはとても便利な方法です。けれども、またおなかが空いてくると、満たされない思いが浮上してきてまた食べてしまう……。そんなとき、現実と向き合わせてくれるのがパチュリです。「私には満たされない思いがあるけれど、食べたからといって、この欠乏感は解消されるものではない」と現実的に理解させてくれます。

また、マッサージで使うとサイズダウン効果が高いので、積極的に肉体を変えていくことができます。セルライトの除去や予防にもよいですし、神経バランスを整えるので、情緒も安定させられます。**自分の基盤である肉体を変えたいというときには、パチュリがおすすめです。**

おすすめの使い方

ボディやフェイシャルのマッサージオイルとして使うのがおすすめです。サロンでセラピストにトリートメントしてもらったり、自宅でセルフマッサージをしたりする際に使うとよいでしょう。香りに食欲抑制作用があるので、過食気味の人が食のバランスを整えるときにも役立ちます。

また、ダイエットでサイズダウンしたときの皮膚のたるみを抑え、肌を引き締めながらボディラインを整えることができます。エイジングが気になるお顔のお手入れにもおすすめです。

おすすめワーク

①ガーデニングなどで土に触れる

第1チャクラに関連する肉体部位は、腰から下と手先になります。地球のエネルギーとつながり、地にしっかりと足をつける「グラウンディング」をするためには、大地に触れることが有効なので、土に触れたりガーデニングすることなどがおすすめです。

②手先を使った作業をする

手先を使った作業も、第1チャクラを整えていきます。料理をしたり、手芸を楽しんだりして積極的に手先を使ってみましょう。セラピストを職業としている人たちは、グラウンディングをしている人が多いのですが、これは日ごろから肉体そのものと手先を使ってトリートメントを行っているからだといえるでしょう。

③赤ちゃんになった気分でハイハイワーク

赤ちゃんのように四つん這いになってハイハイすると、第1チャクラにとてもよい影響を与えます。頭にのぼったエネルギーが全部手足に下りていくのを感じられて、身体じゅうにエネルギーが回るのを感じることができるでしょう。

ハイハイをすると頭を反らせて胸を開くため、自然に第４チャクラのある胸のあたりがグッと開きます。そのため、このワークは第1チャクラを活性するのと同時に、第４チャクラを調えるのにも役立ちます。

column

補色で感じる　第1チャクラと第4チャクラの関係

第1チャクラの色であるレッドと第4チャクラのグリーンは補色であることから、互いを補い合う関係であることがわかります。

第1チャクラのテーマは、生存に対する無条件の安心感。幼少期に「がんばらないと認めてもらえない」という思い込みをつくってしまうと、大人になってからもいつも漠然と不安を感じてしまいます。一方、第4チャクラのテーマは愛。そのままの自分を受け入れ愛すること。人と自分を比べては「私には何かが足りない」「もっと努力しないと!」と思ってしまう人は、第1と第4チャクラと両方のテーマと向き合ってみましょう。

この二つが補い合うと、「存在するだけで十分に価値がある」という深い安心感の元、ありのままの自分を受け入れられるようになります。第4チャクラの愛のテーマは、生きるうえで一番難しいといわれますが、第1チャクラの「必要なものはすべて与えられる」という真理を理解することで、愛とは非常にシンプルなものであると気づけるのかもしれません。

Part 3

パートナーシップ

精油と第2チャクラ

第2チャクラと共鳴する精油

マンダリン・レッド
フェンネル・スウィート
クラリセージ

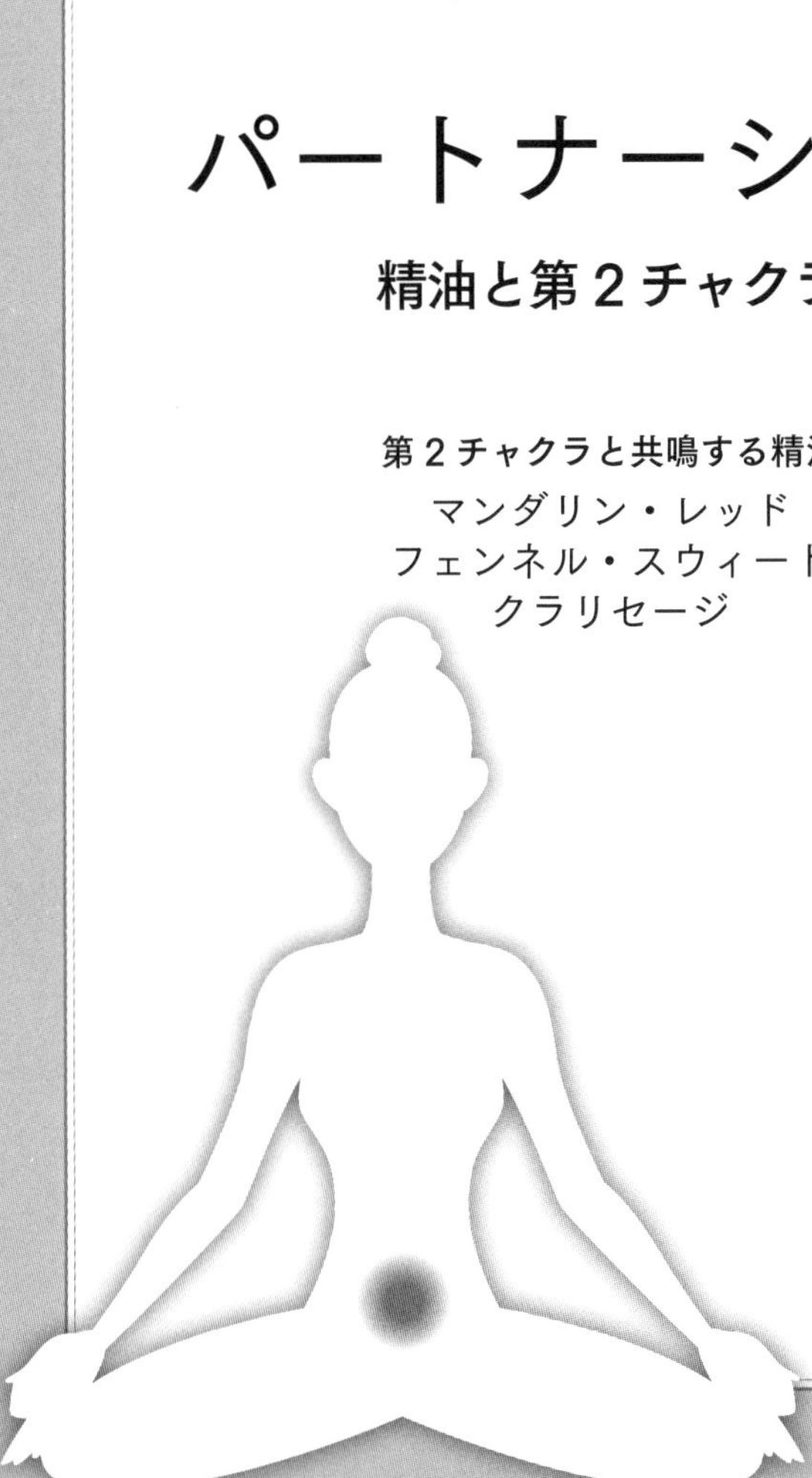

第2チャクラのテーマ

身体でいうと仙骨あたりにあるのが第2チャクラで、セイクラルチャクラともいわれます。サンスクリット語ではスヴァディシュターナといい、「甘美」や「甘さ」という意味をもちます。

第2チャクラには、「生きることはよろこびである」という学びのテーマがあります。「2」という数字をもっているチャクラなので、1+1＝2ということで、1人と1人の人間が向き合うことを表しています。そしてお互いに学びあい、感じあい、楽しみあう**「パートナーシップ」**もテーマとなります。

このチャクラは、私たち一人ひとりが内包する創造性にも影響を与えています。人間同士が一対一で向き合うと何が生まれると思いますか？　そこに生まれるのは感情です。私たちは感情によって、さまざまなものを創造していきます。そして、**第2チャクラの最大のテーマは、感情を味わうことが人生を豊かなものにするという理解です。**

このチャクラの発達期は、4～7歳といわれています。今は乳児から保育園に通うお子さんもいるので、必ずしもそうとは言いきれませんが、一般的には3歳くらいまでは家の中で暮らしていて、自分の要求はすべてお母さんをはじめとする大人にかなえてもらいながら、安心感を育んでいきます。安心で安全な家庭という場所にいた子どもたちが、幼稚園という社会にはじめて出る時期が第2チャクラの発達期と重なります。そして、自分と同じ立場の子どもたちがたくさんいる中で、いろいろな感情を育んでいきます。

たとえば、お友だちと「遊ぼう」となったとき、自分は積み木がしたいけれど、相手は鬼ごっこがしたいと言ってきたとしましょう。すると、意見が合わずケンカになったり、「いいよ、積み木で遊ぼう」と相手が自分に合わせてくれたりすることもあります。そこで喜びを感じたり、逆に自分が「いいよ、鬼ごっこしよう」と合わせたときに「うん！」と笑顔で感謝されることに満足したり、もしくは、折り合いがつかなくてケンカになって、悔しい！　悲しい！　といった感情が湧いてきたりします。

4〜7歳の子どもたちに重要なのは、こうしたすべての感情を味わうこと。ポジティブな感情もネガティブな感情も、すべて平等で大切なものであると学ぶ時期だからです。そうした感情こそが人生を彩り、悲しさや悔しさをも生きるよろこびに変えられるスパイスになるということを、感じ取っていく時期でもあります。

そうした中で、たとえば悲しくて泣きたい！　と思っているのに、親や先生から「男の子なんだから泣いちゃダメよ」と言われたとします。そうすると第2チャクラは腸や生殖器とつながっているため、これらに負担がかかります。男性に腸が弱い方が多いのは、もしかしたら子ども時代に「男の子はメソメソしちゃダメ」「ケンカしちゃダメ」と自由に感情を味わい表現することを抑えられてしまったからかもしれません。感情の解放をしないまま大人になると、感情的なプレッシャーでおなかを下しやすくなってしまいます。

女性では自分の素直な感情を感じるのが苦手という方は、便秘がちな方が多いように思います。もしかしたら子ども時代に「女の子なのだから大人しくして」と育てられ、自分の感情を思いっきり表現することはいけないのだと思ってしまい、腸が緊張するようになってしまったのかもしれません。

本来、喜怒哀楽すべての感情は平等で、どれも十分に味わう必要があるのですが、喜びや楽しい感情は良くて、怒りや悲しみは良くない、などのジャッジの観念が生まれてしまうと、第2チャクラのバランスは失われてしまいます。大人になっても人間関係（パートナーシップ）において感情を我慢している人は腸にトラブルを起こしやすくなります。

また、第2チャクラは生殖器官ともつながる場所に位置するので、男女のパートナーシップにも影響します。男女間で起きた出来事から、女性性が傷ついてしまった経験があると、子宮などの生殖器官にトラブルを起こすことがあります。月経不順や月経痛が重いという人は、パートナーとの間にある問題、自分の女性性に対する感情、自分の中で我慢して抑圧していることはないかなど、まずは自分自身と向き合ってみましょう。そこで得た気づきが、問題解決のヒントになることが多々あるからです。

人と関わることで「自他尊重」を学ぶ

いろいろな人と関わり、さまざまな感情を味わいながら第2チャクラを活性していくと、「その味わいこそが人生におけるよろこびである」という感覚が湧いてきます。

人と関われば関わるほど見えてくるものは、なんだと思いますか？

それは、「自分と同じ人間はいない」ということ。

そこに気づき、自分自身を尊重できるようになると、相手が自分とは異なる考え方を持っていても、尊重できるようになります。そのようにして**「自他尊重」**の感覚を養っていくというのも、第2チャクラのテーマです。それが次のステップに進むと、第3チャクラへと移り、「個性の表現」というテーマにつながっていくのです。

自分の個性がわからないという人は、いろいろな人との関わりが少ない傾向があります。限られた狭い人間関係しか味わっていないと、なんとなく似た人達とばかりいることになってしまい、自他尊重ということを体験する機会がなかなかありません。

狭い人間関係の中だけにいると、AさんはBさんの友だちで、BさんはDさんともつながっていてというように、共通の人間関係が増えていきます。それだけならよいのですが、その結果、周囲からの目が気になって、なかなか自分の個性を出せなくなってしまう人が多いのです。そして、そもそも自分の個性がどういうものなのかということも、わからなくなってしまいます。

人にはそれぞれ個性があるのですが、それが見えていないというのは、多くの人と十分な人間関係を築いてきていないからだといえるでしょう。そういうときは、これまでとは異なる世界に足を踏み入れ、新しい人間関係を意識的につくっていくことをおすすめしています。そのようにして、いろいろな人と関わっていくうちに、「へえ、こんな人もいるんだ！」という新しい発見につながっていくからです。

そうしたことを十分に味わっていないと、自分と違う価値観と出合ったときに、「なぜ私と違うの？」と、違和感を覚えてしまいます。そうではなく、「あなたはあなた、私は私」

とお互いを尊重できるようになるためにも、いろいろな人と関わることが必要なのです。

そのためにも、４〜７歳のころというのは感情のジレンマを体験することがとても大事になります。自分と違う価値観に触れたときの嬉しさ、もしくは悔しさなどを味わえば味わうだけ感情が豊かになり、人生のよろこびも感じやすくなっていくのです。

さらに、第２チャクラの１対１のパートナーシップという学びは、自分がその学びを受け取れる準備ができたときに教師となる人が必ず現れます。その人はあなたに幸福を味わわせてくれるかもしれませんし、悲しみや辛さを与えてくるかもしれません。いずれにしても、その体験から学びを得る準備ができているからこそ、そうした人が目の前に現れたということを理解すれば、必要以上に傷つくこともありませんし、こんなに幸せでいいのだろうかと不安になることもありません。

目の前にいる人と自分は、どのような関係を築き、そこから何を学ぶことができるのだろう――こうした視点で人間関係をとらえられるようになると、そこにはたくさんの気づきの種が潜んでいると理解できるようになっていきます。

関連するホルモン分泌器官　卵巣／精巣

第2チャクラは性ホルモンに影響を与え、声変わりや体毛の増加など、第二次性徴に関わるホルモンをつくります。このチャクラに関わる精巣と卵巣は、精子と卵子をつくるだけでなく、性的な発達と成熟も司ります。生殖にも関わるこれらの働きは、第2チャクラのテーマである「創造」と結びついています。

また、自分の性との関係（自分の性を受け入れられない、男性性や女性性の否定や傷など）と、それに伴う情緒バランスの問題も第2チャクラに影響します。たとえばパートナーから「もっと女性らしくしてほしい」「女性は○○であるべき」など、一方的な価値観を押しつけられ続けると、パートナーが求める女性像に自分を当てはめるようになっていきます。その結果、本来の自分らしさや女性性を否定するようになってしまうのです。

そうした我慢がホルモンバランスを崩し、生殖能力の低下や月経不順など、生殖器の不調につながることが多々あります。これを防ぐためには、相手の考えを尊重すると同時に、自分の価値観も大切にするという、第2チャクラの学びを開いていく必要があるといえるでしょう。

エネルギーのカラー　Orange　オレンジ

自然界の象徴：オレンジ（果物）、太陽、たき火、夕陽
「オレンジ」のテーマ：陽気、楽しさ、社交的、人脈、美しさ、外見

オレンジ色といえば、果物のオレンジをまず思い浮かべる人が多いのではないでしょうか？　ビタミンたっぷりで、食べると元気になるイメージもあるでしょう。そのとおり、オレンジ色は元気を象徴する色です。太陽のような明るさ、陽気さを感じるところから「楽観主義の色」ともいわれます。親しみやすさや温かさもオレンジの特徴といえるでしょう。

さらに、たき火という象徴もあります。キャンプのメインイベント、キャンプファイヤーをイメージしてもらうとわかりやすいと思います。人が集まって交流し、それぞれに人脈をつくり、友だちとわいわい盛り上がる。そんな非日常的なお祭り、イベントといったワ

クワク感。オレンジの色に惹かれるときは、そんなふうに楽しく周囲の人たちと交流することを望んでいるのかもしれません。

第2チャクラのパートナーシップというテーマのとおり、**オレンジは人と人とが交流することで生まれる「感情」に関わる色です。ポジティブな側面としては喜び、楽しさを表し、ネガティブな側面としてはショック、トラウマ、依存などがあります。**

人との関わりで生まれた感情的なショックやトラウマ、そして感情の我慢などは、第2チャクラの場所にある腸や生殖器の不調となって表れることがあります。毎日の生活に楽しみや喜びを見出せず、パートナーシップや依存の問題で思い悩むことで、第2チャクラのゾーンである腰を痛めることもあります。

また、オレンジはとても目立つ色なので、工事現場のロードコーンや海のブイ（海がブルーなので補色のオレンジは非常に映える）などでも使われています。オレンジは目立つ、つまり「よく見える」という特徴から、**見た目、外側、美しさ**などの象徴でもあります。オレンジをパーソナルカラーとして選ぶ方の職業で圧倒的に多いのは、見た目を美しくする美容師さん、ヘアメイクさん、美容部員さん。

さらにたき火の象徴からもわかる通り「人が手を加える」という特徴があります。そのため、自然が好きという人でもグリーンを選ぶタイプは手つかずの大自然が好きで、オレンジを選ぶタイプは、手入れが行き届いた美しい庭園が好きという人が多いのです。

カラーセラピーの観点からみると、オレンジが気になるときというのは、次のような状態であるといえます。ぜひ、ご自身の状態を知る目安にしてみてください。

バランスがとれているとき

・誰とでも親しみやすくたくさんの人と交流したい
・明るく元気、楽観的になっている
・美しいもの、楽しい人に囲まれて幸せ

バランスがとれていないとき

・人生が楽しいと思えない
・感情的な我慢、ショックを抱えている
・人に甘える、依存、トラウマの体験

オレンジの波長をもつエッセンシャルオイル

オレンジ色のエッセンス、スウィート・オレンジは、第2チャクラとすばらしく調和します。マンダリンは、少し赤みが強いので第1、第2と両方のチャクラと響き合います。

ほかにも、第2チャクラに関わる臓器である腸をデトックスするフェンネル・スウィートやキャロットシードも、このチャクラと関連が深いオイルです。**種子から採れるエッセンシャルオイルは、第2チャクラのバランスを崩す「抑圧した感情」をデトックスするのに役立ちます。**

第2チャクラのサンスクリット語、スヴァディシュターナには「甘さ、甘美」という意味があります。うっとりするような陶酔感のあるクラリセージやジャスミン・アブソリュートは第2のテーマ「人生とはよろこびである」という感覚を思い出させてくれます。

第2チャクラを代表する香りとして、ここではマンダリン・レッド、フェンネル・スウィート、クラリセージの3種をご紹介したいと思います。

マンダリン・レッド／Mandarin Red

学術名：*Citrus reticulata*
科名：ミカン科
抽出部位：果皮

マンダリンのエッセンスには完熟した果皮のレッドと、これから熟していく青い果皮のグリーンと2種類あります。当然、鮮やかなオレンジ色の果皮をもつ完熟タイプのレッドが第2チャクラに合います。オレンジ色といっても、やや赤みがかっているので、この香りは第1チャクラにもおすすめです。

柑橘系の果物の中でも、グレープフルーツやオレンジは皮がとてもかたいのですが、マンダリンの皮は非常に薄くて柔らかいので、簡単に手でむくことができます。このように、とても繊細な果皮のエッセンスなので、ヴァイブレーションもとても細やか。そのため、感情的に繊細になっている人の心をなぐさめるのに役立ちます。

また、**子どもの感情のバランスを調えるのにも適しているので、「チャイルドアロマ」とも呼ばれます。**周囲となじめなかったり、いろいろな感覚が鋭くなって、感情が繊細になったりしている子どもとも相性がよい香りです。
柑橘系の果実自体が植物の子どもであることから、「子ども」の象徴にもなっています。自分の中の内なる子ども、傷ついた子どものころの自分である「インナーチャイルド」との触れ合いを楽しませてくれる香りでもあります。

繊細さというのがポイントなので、周囲に敏感に反応し、自分の感情をなかなか出せないという、感性が細やかな人に共鳴する香りです。

なお、食べることができる植物や果実から抽出されたエッセンシャルオイルは、消化器にも有効に作用するため、胃腸の働きを穏やかに調えてくれます。

拒食症の方のトリートメントにも適した香り

セラピーで用いる場合は、ストレス性の拒食症などに使うことがあります。拒食症の方というのは、自分の肉体をつくってくれた母親に対し、愛情不足を訴えていたり、何かを我慢し続けていたりする可能性があります。母親がつくってくれた肉体に栄養を与えないことで、母親にサインを送っているというわけです。
こうしたケースで、子どものころの繊細な感情にアクセスし、その部分をなだめ、鎮めていく香りでもあります。穏やかな香りですが、食欲を刺激するという作用もあるので、母親との関係性のゆがみから拒食症になった方にトリートメントで使うことがあります。第1、第2と両方のチャクラに響く香りなので、安心感も含んでいます。「がんばったり特別なことをしたりしなくてもいいよ」と、そのままの自分を受け入れてくれるようなやさしい香りでもあります。実際に嗅いでみると、香りの粒子がとても細やかに感じられると思います。

繊細な人が他者と関わるときというのは、とても緊張するものですし、それ故に円滑なコミュニケーションが難しいこともあるでしょう。それでも、マンダリン・レッドのような繊細な香りを嗅いでいると、「自分は自分のままでいていい」と思えて、フッと肩の力を抜くことができます。

人間関係において、「自分を必要以上によく見せる必要はない」「自分は自分のままでいい」と思えるようになるので、人との関わりで緊張してしまう、コミュニケーションが円滑にいかないという人にも、ぜひ活用してもらいたい香りです。

柑橘系の果実というのは、日照時間が多い場所で育ちます。そのため、果実は皮の部分に太陽のエネルギーをいっぱい吸収しているのです。その皮をそのまま生の状態で絞ったのが柑橘系のエッセンスです。「エッセンシャルオイル」というのは、水蒸気蒸留でつくられたものを指すため、厳密にいうと柑橘系のものはエッセンシャルオイルではなく、生のエッセンス。いってみれば、太陽のエッセンスそのものなので、陰陽でいうところの「陽」の気が強いのが特徴でもあります。

また、皮というのはプロテクションの役割もしているので、繊細で気が弱く、人と一緒にいると緊張してしまい、なかなか自分らしくいられないという人を保護してくれる香りにもなります。**香りを嗅ぐだけで「そのままでいいんだよ」と保護されるような感覚になるので、非常にやすらいで、自分のままでいられるのです。**社会の中ですごく気を使い、「氣」を消耗してしまっている人の補充にも役立ちます。

おすすめの使い方

皮膚刺激があるので、直接身体に塗布したりはせず、ディフューザーで芳香浴をするなどして使うと安全です。子どもと相性のよいチャイルドアロマとして知られていますが、多量に使うと興奮作用があるため、そわそわしたり、寝つきが悪くなったりすることがあります。使いすぎには注意してください。なお、少量で使うと神経を鎮静させ、リラックス効果が得られます。

フェンネル・スウィート／Fennel sweet

学術名：*Foeniculum vulgare*
科名：セリ科
抽出部位：種子

好きなときと嫌いなときがはっきりわかれる香りです。エスニック料理のお店などに行くと、フェンネルの種を口直しに出すところもあります。これは消化器の機能調整と、虫歯の原因となる乳酸桿菌《にゅうさんかんきん》の殺菌作用の両方を行うからです。ほかにもキャロットシードなど、消化器に作用するスパイス系のオイルは、第2チャクラと関係していることが多いようです。

一般的にフェンネルは、**腸のデトックス**に使います。便秘や腸にガスが溜まった膨満感などを改善する作用があるからです。でも、便秘になったり、腸にガスが溜まったりするのはなぜなのでしょうか。感情的にぐっと我慢をしたり、言いたいことをなかなか言えなかったりする人は、第2チャクラを弱めてしまいます。そのため、腸の働きが悪くなり、便やガスなどが詰まりやすくなってしまうといえるでしょう。

そこに対してフェンネルは強力なパワーを発揮します。発散する力が強いので、腸を動かし、不要なものを排泄させてくれる働きがある解放系の香りです。

生殖器系に働きかけるエストロゲン様作用が高いのも、フェンネルの特徴です。婦人科系の疾患がある場合、使用しないほうがよいという意見もありますが、自己責任のもと、少し香りを嗅ぐ程度ならよいのではないかと考えています。

なぜなら、**男女間の関係において感情的にすごく我慢をしていて、生殖器にダメージを負っている方というのは、この香りが大好きなことが多いからです。**それはきっと、我慢している感情を発散したいというサイン。ため込んだ感情をそのままにしていると、婦人科系疾患などになる可能性が高いので、思い当たる節がある方には、この香りを生活の中に取り入れながら、ご自身と向き合ってみることをおすすめします。

好きな香りというのは、ポジティブな意味もありますが、潜んでいるトラブルを見つけるのにも役立ちます。なかでもフェンネルは、そのサインとしてわかりやすい香りだといえるでしょう。

抑え込んだ感情を穏やかに発散させる香り

自分の中のよろこびを見出したり、自分の人生は自分でつくっていくという創造性の扉を開いたりするために、勇気を授けてくれる香りです。フェンネルの香りの強さは勇気の象徴でもあるので、あまり感情を感じることができず、思考を優先させて生きている方にもおすすめしたい1本です。

心理的にも感情を発散させ、浄化してくれるので、我慢が募っている方におすすめです。感情を抑え込み過ぎると、人間というのは思考に走りがちです。思考の色といえばブルーで、これはオレンジの補色となります。感情を抑えている人は、全部を思考で判断しようとしてしまいます。何かを決めるときも、感情ではなく思考で決めがちです。たとえば、「これをやってみたい！」と思ったときに、「まずは試してみよう！」というワクワク感から動くのではなく、「これをやったって、一体何になるの？」などという損得の思考で動いてしまいます。そうしたことを繰り返すうちに、自分に純粋なよろこびを与えることができなくなってしまった人にも、フェンネルの香りはやさしく寄り添ってくれます。

おすすめの使い方

とてもパワーが強いオイルなので、**使用時の濃度は必ず1％以下に希釈します。**妊婦さんや小さなお子さんへの使用は避けてください。婦人科系疾患のない方であれば、エストロゲン様作用も有効なので、おなかのマッサージに日々使ったりすると、便秘解消など腸にも良い作用がありますし、生殖器系の働きも調えてくれます。

クラリセージ／Clary sage

学術名：*Salvia sclarea*
科名：シソ科
抽出部位：全草

この香りは「ザ・よろこび」という感じで、特別な陶酔感を味わわせてくれます。一般的にはハート型のグリーンの葉とピンクの花をつけるところから、第4チャクラで取り上げられることが多いエッセンシャルオイルです。たしかに、第4にふさわしい香りではあるのですが、そうした前提を踏まえつつも第2チャクラとのつながりを強く感じる香りなので、今回は第2チャクラの香りとして取り上げています。

クラリセージは別名「クリア・アイ（澄んだ目）」といい、昔は目の治療に使われていました。花が咲いたあとにできる種を水に浸し、それを潰すと中からネバネバした粘液が出てきます。それを目に入れると異物を吸着してくれるという働きがあったからです。

このように、実際に目をクリアにするという効果もありますが、**この香りは「見えないものを見る力」を授けてくれます。見えないものを感じる、FEELという部分に働きかけて、直感力や感受性を高めるからです。**

とても女性的な香りなので、第2、4、6という偶数のチャクラに非常によく響く香りです。偶数のチャクラというのは、女性的な「受容性」を表しており、「受け取る力」とも関連しています。直感やインスピレーションというのは、天から下ろしてくるもの。けれど、それを感じ取る力がなければ、下ろすこともできません。そのように、目には見えない感性を開くのにも役立つ香りです。

ほかに、エストロゲン様作用があり、ホルモンバランスを調えるということでも、クラリセージはよく知られています。それと同時に、**パワフルに心も身体も感情も「緩める」作用があります。**すべて緩めて解放させるので、日々緊張が強くて気を消耗している人に使っていただきたい香りです。身体のスペースが縮まっていると、呼吸も浅くなりますし、ハートも解放できなくなります。そういう方に、緩めるという感覚を味わっていただけると思います。

自分の感性を開き、感情を解放させてくれる香り

なんでも頭で考える思考型になってしまい、自分の感性や感覚を信じられない人が、とても増えているように感じます。香りのイメージというのはその人だけのものですし、感じたことにジャッジメントを加える必要はないのですが、香りのイメージングを行うと「この香りは、こういう感じでいいんですか？」「この感じであっていますか？」と尋ねる生徒さんが少なくありません。

そのつど、「ご自分が感じたことがすべてで、誰かにジャッジされるものではないですよ」とお伝えしているのですが……つねに○か×か、あっているか間違っているかという思考で生きてきた方は、自分の感性を自由に表現するのが苦手なようです。そういう方に対して、クラリセージは感情を解放させてくれる香りとなるでしょう。

もしかしたら、思考型の方というのは、子ども時代に自分が感じたことを否定された経

験があるのかもしれません。でも、大人になった今、そういう自分の心のキズを自分でケアすることができます。アロマはそうした痛みに、やさしく寄り添ってくれます。

クラリセージは第４チャクラにも響く香りなので、「愛」というテーマももっています。パートナーシップを築くうえで、相手に何かしてあげることは得意なのに、自分に何かしてもらうのは苦手という人が、意外に多いように思います。それでも、誰かが差し出してくれたものを、素直に「ありがとう」と受け取ることも、愛の形の一つです。その部分に気づかせてくれる香りでもあります。

おすすめの使い方

トリートメント、入浴、芳香浴、香水づくりなど、さまざまなシーンで活用できます。ゆったりと心身をくつろがせたいときに使うと効果的です。ただ、陶酔させる作用があるので、アルコールとの相性はよくありません。クラリセージを使ってマッサージしたあとは、アルコール摂取は避けた方がよいでしょう。

なお、クラリセージを含めたハーブ系の香りというのは「ニュアンサー」とも呼ばれており、香りをブレンドする際、そこに加えた香りをまとめる働きがあります。ハーブ系の香りはいろいろな抽出部位があるので、香りが複雑です。そのため少量加えるだけで、香りにニュアンスをつけてまとめてくれるというわけです。ブレンドの際の隠し味として使うのもおすすめです。ただし、クラリセージは香りが強いので、使用する場合はほんの少量から試していき、ちょうどよいバランスを見つけてみてください。

おすすめワーク

①丹田をオレンジ色で温める

第2チャクラと同じ場所に、丹田というエネルギーポイントがあります。そこを温めることで、第2チャクラも活性するので、腹巻を使うのがおすすめです。腹巻はぜひオレンジ色のものを選びましょう（オレンジ色の腹巻はインターネット通販などで売られています）。もしくは、オレンジ色のタオルをおなかまわりに巻いてもよいでしょう。

オレンジ色は「ショックアブソーバー」とも呼ばれ、ショックな出来事があって感情が乱れそうなとき、オレンジ色のタオルをおなかに巻いておくと、そのショックを吸収してくれる働きがあるといわれています。感情をなかなか吐き出せず、我慢してしまいがちな人は、ぜひオレンジ色を味方につけて、第2チャクラを調えていきましょう。

②雑巾《ぞうきん》がけをする

第1チャクラを整えるハイハイの姿勢で、横方向（上半身をワイパーのように動かす）に雑巾がけの動きをすると、第1チャクラと第2チャクラの両方を刺激し、調えることができます。

column

補色で感じる　第2チャクラと第5チャクラの関係

第2チャクラの色であるオレンジと第5チャクラのブルーは補色であることから、互いを補い合う関係であることがわかります。

まず、第2チャクラのテーマは「パートナーシップ」。人と人とが向き合うことで生まれる感情には、楽しさ、喜び、悲しみ、怒りなど、さまざまなものがあり、どの感情はよい、どの感情は悪いという優劣はなく、どれも平等なものです。そして、これらを同じように味わうことで人生は豊かになるという学びがあります。

ポジティブな感情はよいものでネガティブな感情はいけないもの、とジャッジしてネガティブな感情を抑え込んでしまうと、第2チャクラはバランスを失ってしまいます。それが人とのコミュニケーションにも影響を与え、本音を言えなくなったり、なんでも人に合わせるようになったりしてしまうことがあります。

一方、第5チャクラのテーマは「コミュニケーション」。自分が思ったことを声に出す。自分の意見を相手に伝える。こうしたことがなかなかできない、難しい……と感じている方は、喉に違和感があるかもしれません。

何かを話すとき、自分が思っていることを口にするよりも、相手が求めていることを感じ取って、相手が望むようなことばかりを話してしまう。そんな癖が抜けないときは、第2チャクラのテーマと向き合い、自分の内面をさらに深く見つめていくとよいでしょう。

なお、第2と第5のチャクラが互いに補い合うと、自分を尊重することで、相手のことも尊重できるようになります。互いが心地よくいられるパートナーシップを築きながら、お互いに自分の真実を語れるようになっていくからです。

Part 4

個性の表現

精油と第3チャクラ

第3チャクラと共鳴する精油

カルダモン
レモングラス
カモミール・ローマン

第3チャクラのテーマ

すべての神経の中心とされる太陽神経叢。これは、ちょうどみぞおちあたりにあるのですが、第3チャクラもこの部分に位置します。そのため、ソーラープレクサスチャクラ、太陽神経叢のチャクラと呼ばれています。

サンスクリット語では「マニプーラ」といわれ、光る宝石と訳されます。私たちはそれぞれが光る宝石で、価値のある輝かしい存在だということですね。

なお、太陽というのは宇宙の中でたった一つの存在です。前章でお伝えしたように、第2チャクラの学びとして、私たちは社会の中に飛び込んでいき、いろいろな人と関わる中でさまざまな感情を体験します。そして、「自分と同じ人はいない。では、自分とはどのような存在なのだろうか」という気づきを経て、次の第3チャクラに移ると、**自分の個性を表現し、「個」のパワーを強化していくということが学びのテーマとなります。**

「自分とは何者なのだろう」と考えながら、自分の存在意義を社会の中で見つけ出していく。第3チャクラはまさに、社会における自分の役割を見つけるために、外の世界に飛び出していくイメージです。年齢的には8～11歳くらいといわれており、小学校のクラスの中での自分の役割というものを探す時期にあたります。

子どもたちというのは、小学2年生くらいまではみんなが同じような感じで、わあわあ、きゃあきゃあと、はしゃぎながら1日が過ぎていきます。みんな立ち位置が平等なのです。ところが3年生になると、クラスという社会の中での役割、つまり個人のキャラクターがはっきりしてきます。しっかりものの優等生、ガキ大将、リーダーシップを取る子、控えめでおとなしい子など、それぞれのキャラクターがはっきりと確立されていくのが、ちょうどこの時期にあたるのです。

実は次女の付き添いで1年生から3年生までの3年間、毎日小学校に通っていたのですが、3年生に進級した途端、みんなそれぞれが個性的に変わっていき、クラスの中で役割を持つ姿を目の当たりにしました。私自身がこうした体験から第3チャクラの理解を深めるために、娘と一緒に小学校に通っていたのかもしれないと感じています。

このようにして「自分とは何者なのか」ということを社会の中で試しながら、個性を表現していくとき、根本的に大切になるのが、自分への「自信」です。それが希薄だと、「いえいえ、私なんか……」「目立つのが怖い……」などの感情が出てきてしまって、なかなか自分の役割を見出すことができません。けれど、そうした悩みを乗り越えて、個性を輝かせていくことが必要であると伝えている第3チャクラ。その最大のテーマは**「自尊心」**です。さらに、自分自身をコントロールする**「自制心」**も学びのテーマに関わっています。

社会に出るということは、肩書をつけたりペルソナ（仮面）をかぶったりして、何者かになるわけです。それで自分を表現するのは、決して悪いことではありません。ただ、それがいき過ぎてしまうと、仮面をかぶった自分と本当の自分の間に溝ができてしまったり、仮面をつけることで周囲の人をコントロールしたりしてしまいます。

また、**社会での役割を務めているとき、内面から幸せを感じられるかどうかも第3チャクラのテーマです。**本当の幸せというのは、自分の内側の声に従いながら、社会の中で役に立つことなのだと学ぶ必要があるからです。第3チャクラが発達していないと、自分の内側の声に従うのではなく、外側にある価値観に合わせることで、自分の幸せを得ようとしてしまいます。

たとえば、有名企業の肩書を持つことで、自分が優れた人間になったような気になってしまうということがあげられます。その会社にいても、自分が求める本当の幸せは得られないと気づいているのに、その会社の社員という肩書を持っていれば、「親が喜ぶ、周囲から『すごいね』と言われる、社会から信用される。だから、この会社にいる」となると、外側の世界の価値観に自分の幸せの形を合わせていることになってしまいます。

またこうした状態は、他者をコントロールしようとしているともいえます。自分は幸せではないけれど、他者から「あの人は幸せだ」「あの人は○○に勤めていてすごい」と思わせようとしているからです。そのため、会社に居続けて仕事をいくらがんばっても、いつもどこかで満たされない感じがしてしまう……。**実は、「基盤」を築く第1チャクラと「個」を育む第3チャクラは密接な関係にあるため、第3チャクラの状態を知るには、第1チャクラのテーマである「安心感」や「満たされ感」がバロメーターになっているのです。**

自分が属する企業が有名企業かどうかではなく、その仕事をしていたり、その役割を自分が果たしたりしていることを、自分自身が「幸せ！」と思えている人は、キラキラと輝いています。逆に、肩書はすごいけれど、なぜかいつも満たされず、どこか不安で仕事ばかり追いかけているという人は、チャクラの働き自体が停滞してしまいます。

自分の能力を磨き「自尊心」を高めていく

「自分の内側からの声に従う」ということも、第3チャクラのテーマとなっています。

第3チャクラに関わる色である黄色は、幸せを象徴する色でもあります。不安を感じたり、何か試されているなと感じたりして、自分の基盤がおびやかされると、胃がギュッと痛んだりするでしょう。これは「基盤」を司る第1と「個」に関わる第3と、両方のチャクラに関連しているからだといえます。

また、第3チャクラはインスリンを分泌する膵臓との関連が深いのですが、第1チャクラに関連する副腎から出されるアドレナリンは、インスリンと連動しながら、体内で働いています。そのため、不安を感じると胃が痛んだり、ストレスがかかりすぎると胃潰瘍になったりしてしまうのです（膵臓と副腎の関係の詳細は105ページ参照）。

第3チャクラの第1タームにおける発達年齢期は、8～11歳と小学校の時期にあたりますが、大人になると今度は社会的な役割を試されるようになります。第2タームで第3チャクラが発達するのは38～41歳にあたりますが、このくらいの年齢になると、会社の中では係長、課長、部長などの肩書がついたりして、重要な仕事を任されることが増えてくるでしょう。そうした中で、私たちは「失敗というものはない。残るのは経験という糧」という学びを重ねていきます。自分が手がけた仕事がうまくいく場合もありますし、そうでない場合もあります。「自分はいつもベストをつくしている」「失敗というのは、今の自分に何が足りないのかを知るチャンス」などと思うような出来事を体験し、「自尊心」が磨かれていきます。そのために、たくさんのチャレンジを与えられる年齢であるともいえます。とはいえ、新たなチャレンジには不安や恐れがつきものです。胃がギュッと痛むときもあるでしょう。ただ、そんな自分としっかり向き合って「そうか。私は不安なんだ。怖いんだよね」と、その感情を受け入れながら、「それでも、やってみよう！」と決断をすることで、自分自身を表現しながら、自分という個性を確立していくことができます。そうした経験を繰り返し、自分の能力をさらに磨いていく時期でもあります。

こうしたことから、**第3チャクラには「選択」「決断」というテーマもあります。自分の人生は自分で決めるという責任感、そのために自分はこれを選択するという決断力や意志の強さも、これらの体験から磨いていくことになるのです。**

関連するホルモン分泌器官　膵臓

ホルモン分泌器官である膵臓。ここでは血糖値を抑制するホルモンのインスリンがつくられています。そのため、第3チャクラがバランスを崩すと、血糖値が高くなり過ぎて糖尿病になる可能性が出てきます。

太陽神経叢があるみぞおちに位置する第3チャクラは、第1チャクラのホルモン分泌器官である副腎とも関係があります。副腎からはストレスを抑えるためのコルチゾールというホルモンが分泌されますが、ストレスがかかって不安になると、それは太陽神経叢にも影響し、そのために胃がキリキリ痛んだりするというわけです。なお、第3チャクラは消化器系の臓器とも関係しており、バランスを崩すと胃潰瘍という症状でそれが表出することもあります。

ところで、しっかり食事をしてもすぐにお腹がすいたように感じて、いつも以上に甘いものがほしくなったという経験はありませんか？　空腹感を感じるというのは、本来ならば血糖が下がってきたというサインなのですが、血糖値が急降下したことで、脳が勘違いを起こして空腹を感じることがあります。

また、お腹が空いたときにイライラしたり、怒りっぽくなったりすることはありませんか？　もしかするとそれは、副腎から血糖値を上げるホルモンが分泌されているせいかもしれません。そのサイクルは次のようになっています。

【副腎と膵臓から分泌されるホルモンの悪循環サイクル】

①体内が低血糖になることで、副腎がアドレナリンやノルアドレナリンを分泌

→

②イライラしたり怒りっぽくなったりして不安感が増大

→

③これらを解消しようとして、甘いものがほしくなる

→

④甘いものを食べるとアドレナリンなどの作用で血糖値が急上昇

→

⑤それを抑えようとインスリンが過剰に分泌され、再び血糖値が急降下

→

⑥体内が低血糖になり、①へ戻る……

このような悪循環に陥ることで、インスリンを分泌する膵臓が疲れてしまい、その結果、

インスリンの分泌量が減って糖尿病に発展するといわれています。また、ストレスを感じるとアドレナリンやノルアドレナリンの分泌量が増えるため、ストレスそのものも高血糖の原因になります。

自分自身を成長させることは人生において大事なことですが、ストレスをかけすぎて身体や心を壊してしまっては、元も子もありません。自分自身の心と身体を尊重する大切さを第3チャクラは教えてくれているのです。このチャクラのバランスが悪いと感じたときは、関連する色や香りを取り入れて、早めに調えていきましょう。

エネルギーのカラー　Yellow　黄色

自然界の象徴：太陽、光

「イエロー」のテーマ：幸せ、個性、明晰性、自信、知性、希望

イエローといえば、光り輝く太陽の色。ハッピーな気分、幸せの象徴の色とされています。

この色は、希望、未来、期待感など、軽やかでキラキラした前向きな感情ともつながっています。「今、すごく幸せ！」もしくは「幸せになりたい！」という人は、自然にイエローに惹きつけられるのではないでしょうか。

そして、自然界の中の黄色として表される太陽は、宇宙でたった一つの存在であり、**「個性」の象徴にもなっています。イエローは、誰とも比べずに自分だけの幸せを純粋に追い求める人が好む色ともいえます。**

「個」がしっかりと確立されている人は、自分は何が好きで何が嫌いかをはっきりとわかっています。そして、光はなんでも照らしてよく見えるようにすることから、**明晰性**という象徴も併せもちます。

神経や左脳とつながる色でもあり、状況を察する能力に長けていて細やかな気配りができる人、頭脳明晰で知的職業に就いている人は、イエローを選ぶことが多いという特徴があります。ただし、ネガティブな側面でいうと、光を照らすことでなんでも見えすぎてしまうため、神経質になっていたり、過度な心配や恐れの感情を感じたりしているときにもイエローを選びがちです。そのため、パニックや混乱の色ともいわれています。批判や皮肉な気持ちがいき過ぎてしまっているときも、イエローに目がいくことがあります。

イエローに象徴される太陽の光こそ、地球に生きる生物を成長させてくれるエネルギーです。そのエネルギーは、自分らしさを確立し、幸せに生きるための知恵とパワーを与えてくれる崇高なものでもあります。**太陽の光の色であるイエローは、宇宙の中でたった一人しかいない自分という存在に対する自尊心を高め、自分らしく生きることが最高の幸せであるということを教えてくれる色だといえるでしょう。**

カラーセラピーの観点からみると、イエローが気になるときは、次のようなことが考えられます。ぜひご自身の今の状態を知る目安にしてみてください。

バランスがとれているとき
- 幸せで満たされている
- 頭が冴えて判断力がある
- 自分らしく生きている実感がある

バランスがとれていないとき
- 不安や恐れの気持ちでいっぱい

・どうしていいかわからず混乱している
・他人に対して批判的になっている

イエローの波長をもつエッセンシャルオイル

太陽の光をたくさん吸収して成長する柑橘系の果物は、太陽の色そのままに、果皮が黄色く色づきます。イエローの果皮のエッセンスであるグレープフルーツやレモンは、第3チャクラとすばらしく共鳴する香りです。

黄色い花のイランイランも、第3チャクラに響く代表的な香りです。ほかにスパイス系の香りとしては、第3チャクラにつながる胃の働きに作用するジュニパー、ブラックペッパー、カルダモンなどがあります。レモングラス、ペパーミントなど、**食用できるハーブのエッセンシャルオイルも第3チャクラを活性し、その香りには外部のプレッシャーから自尊心を守ってくれる働きもあります。**ここでは、第3チャクラを代表する香りとして、カルダモン、レモングラス、カモミール・ローマンを詳しくご紹介しましょう。

カルダモン／Cardamon

学術名：*Elettaria cardamomun*
科名：ショウガ科
抽出部位：種子

とてもパワフルな香りが特徴のエッセンシャルオイルです。成分の組成がユニークなので、個としてのユニークさを大切にしたいときにもおすすめの香りです。カルダモンの香り成分の半分は、ユーカリプタスの主成分で発散や解放を促す1．8シネオール、もう半分はクラリセージやカモミール・ローマンに入っている深い鎮静作用のあるエステル。一つの香りの中に、解放と鎮静という異なる成分が半々の割合で入っているのです。

にもかかわらず、カルダモンの香りとして一つにまとまっています。**「相反するものが自分の中にあったとしても、どちらも持っていていい。それこそが個のユニークさにつながるんだよ」というメッセージを伝えてくれる香りです。香りを嗅ぐだけで、自分の意志や思いをしっかり支えてくれる感覚が芽生え、これらを自由に表現しても大丈夫という気持ちにさせてくれます。**

カルダモンはスパイスの一種なので、食欲や消化を高める効果もあります。消化とは自分が食べたものを自らの栄養とし、生きるエネルギーに変えていくこと。精神的な部分でいうならば、自分がやるべきことを行い、そこで得た感覚を十分に味わい、自分のものにしていくということ。そのため、この香りは**自らを生きることへの欲求**と深く関わっています。

人生に本当の楽しみを感じられていないとき、食に対してもそれほど興味が湧かなかったりするのではないでしょうか。けれど、カルダモンやコリアンダーなどの香りで消化力を高めると、「もっと人生を味わいたい」「もっと楽しみたい」「もっと自分に楽しみを与えてあげたい」という欲求が高まっていきます。

実は私自身、以前は食に対する欲があまりなく、食べるものを選ぶときも、「まあ、これでいいか」と妥協しがちだったのですが、たった一度きりの人生、もっと味わいたい！　もっと楽しみたい！　と思い、カルダモンをはじめとするスパイス系の香りを嗅いだり、セルフケアに積極的に取り入れるようにしました。

すると不思議なことに、欲を持つ感覚がわかってきたのです。自分に対して「いいものを与えてあげたい」「おいしいものを食べさせてあげたい」という感覚が、自然と湧くようになりました。これこそが自尊心の源なのかもしれないと感じています。

黄色という色は、カラーセラピーでいうと**「崇高な知恵」**を表しています。たとえば、「忙しいし、なんでもいいや」と手軽なジャンクフードばかり食べていると、社会的にはものが売れ、経済がまわっていきますが、私たちの心身は不健全になっていきます。けれど、「自分の心と身体にいいものを取り入れたい」と思う人が増えて、有機的なものを食べたいと望む人たちが増えれば、その分、大地にやさしい農法で作物をつくる農家の支援にもなり、地球の自然も豊かにし、私たちの心身も健やかに保つことができます。こうした循環を考えると、私たち一人ひとりの内面にある「心と身体によいものを自分に与える」というシンプルな知恵が、地球そのものを変えていくことにつながるのではないかと考えています。

プレッシャーをはねのけて魂を成長させる香り

プレッシャーを感じている人にも、カルダモンの香りは効果を発揮し、心に重くのしかかるストレスから守ってくれます。これは種子から抽出されるエッセンシャルオイルなのですが、種というのは殻をかぶっているため、プロテクション効果が非常に高いのです。

不安や心配がのしかかってきて気持ちがくじけそうになったときは、ぜひ、カルダモンを

嗅いでみてください。「私は大丈夫」「私ならできる」という自尊心を守ってくれます。

また、ほのかに甘い香りもするので、グラウンディング要素も高く、第1チャクラともつながりのある香りのため、ゆるがない安心感、自分自身に対する信頼感なども与えてくれます。学校や会社などで、自分の力が試されていると感じるとき、ぜひ身近に置いて、香りを取り入れてもらいたいと思います。

生徒さんに多いのですが、自分でサロンを開業するとなると、すごく不安になりますよね。でも、実際に開業に向けて走り出しているときには、そんなことは言っていられません。まずは経営を軌道にのせていく！という時期にある人たちは、皆さんこぞってカルダモンが大好きになります。そうした心の動きが顕著にわかる香りなので、「今はプレッシャーを感じているんですね」「え、なんでわかるんですか!?」という会話を何度したことか（笑）。

こういうチャンスは、魂を成長させるために与えられたもの。チャレンジも含め「すべて与えられているものだから、とにかく乗り越えていけばいい」というように、やすらいだ感覚を持ちながら向き合っていきましょう。そうすれば、必ず自分自身も成長できますし、こうした体験をすることによって、さらに自尊心を高めていくことができます。

おすすめの使い方

比較的刺激が強いので、使用時は1．5％以下の低濃度に希釈して使います。低濃度であれば、マッサージにも芳香浴にも適しています。エステルの甘い香りとややスパイシーな1．8シネオールの香りが、ブレンド時に絶妙なニュアンスづけをしてくれます。

レモングラス／Lemongrass

学術名：*Cymbopogon citratus*（西インド種）、*Cymbopogon flexuosus*（東インド種）
科名：イネ科
抽出部位：葉、茎

レモングラス1本1本の草は150㎝くらいの高さに成長し、自立しています。その立ち姿からも、この香りのテーマが**「自立」「個の強化」**であることがわかります。**「私は私」という精神的な自立を促し、自分自身の軸を強くするのを支えてくれます。**

ただし、非常に香りが強いエッセンシャルオイルなので、よく希釈して使う必要があります。**陰陽でいうと、どちらにも傾かない中庸の質を持っているため、心身のバランスを**

調えるバランサーとしての役割も担っています。感情的に揺れていたり、神経がたかぶったりしがちな人のサポートとして、取り入れていただきたい香りです。

レモングラスには、胃腸の働きを整える効果もあります。ストレスは神経に直結しており、神経は太陽神経叢のある第3チャクラにつながっています。そのため、不満や緊張があると、第3チャクラと関連の深い胃に症状が出て、食欲が落ちたり、胃が痛んだりするというわけです。

その際、この香りは心身の緊張した状態を和らげます。緊張は自律神経の交感神経が優位になっている状態ですが、レモングラスは副交感神経の働きを助け、リラックスしやすい状態をつくってくれるからです。不安やプレッシャーを感じて胃が痛い、ちょっと食欲が落ちているなと感じているときにおすすめの香りです。

まっすぐな「自分軸」づくりをサポート

また、レモングラスはイネ科なのですが、ほかにも同じ科のエッセンシャルオイルとしては、シトロネラ、パルマローザ、ベティバーなどがあります。全般的にイネ科のエッセンシャルオイルは、香りもパワーも非常に強いという特徴があります。

そこから、「私は私」という個の自立を促すので、まわりの犠牲になっていると感じやすい人にもおすすめです。大人数で意見を交換する際、人の意見に合わせがちな人もいると思います。自分にとってはNOであるはずなのに、みんながYESと言っていると、「私はNOだけど、自分の意見が言えない」と感じてしまい、自分の本当の声を発せられずにモヤモヤした気持ちを抱えがちな人におすすめの香りです。「自らを犠牲にしてYESと言うくらいなら、やはりNOと言おう」というような強さや自尊心をサポートしてくれます。

レモングラスの効能というのは、その立ち姿そのもの。まっすぐな意志や意見が自分の中にあるときに、それを表現させてくれるところにあります。自分の中にまっすぐな軸をつくりたいときにも、ぜひご活用ください。

おすすめの使い方

肉体のケアに効果を発揮する香りで、スポーツアロマなどの分野でもよく使われています。運動後に出る筋肉内の乳酸を素早く除去する働きがあるため、疲労感から早く回復できます。マッサージや芳香浴に使ったり、お風呂に入れたりするのもおすすめです。免疫力が高まるので、身体全体の強壮にも役立ちます。

カモミール・ローマン／Chamomile Roman

学術名：*Anthemis nobilis*、*Chamaemelum nobile*
科名：キク科
抽出部位：花

第3チャクラは「3」という奇数をもつため、関連するエッセンシャルオイルも男性性に関わる香りが多く含まれます。そうした中で「月のハーブ」ともいわれるこの香りを選んだのは、抽出部位が花ということもあり、女性性のサポートに役立つと考えたからです。カモミールの花言葉は「逆境を乗り越える」。カモミールは見た目は可憐ですが、踏まれて倒れても、その後必ず立ちあがって元に戻ります。そうした姿から、この花言葉が生まれたのでしょう。芯の強さを特徴としてもっている香りです。

自尊心を高めるためのチャレンジが目前まで迫っていて、それを乗り越える強さやプライドを持ちたいときにおすすめの香りです。ただ、あまりにもそれを頑なにやろうとすると「やらねばならない！」と自分に負荷をかけすぎて、神経性の胃炎などになってしまいます。そうしたときにカモミール・ローマンを嗅ぐと心身が緩み、ゆったりとした気持ちでチャンスを生かせるようになります。

また、私はカモミール・ローマンを「降伏の香り」と呼んでいます。なんでもかんでも自分ががんばって、自分の力でなんとかしなくてはいけないと思うあまり、現実が空回りしているように感じる人にもこの香りはおすすめです。一度決めたことは何がなんでもやり通すというのは、一見美談に思えますが、それが本当の幸せでしょうか。ときには「あきらめる強さ」を持つことも、決して悪いことではないと教えてくれる、慈愛に満ちた香りでもあります。

「やらねば!」と張りつめた気持ちを和らげてくれる香り

「がんばらなくては!」「やらなくては!」という思いが、いつしか自分の幸せではなく、まわりからできないと思われたくない、弱さを見せたら負けという思いから、派生してしまっている――比較的、男性に多い傾向があるのですが、こういう思いを持つ人に、カモミール・ローマンはやすらぎを与えてくれます。

以前いらっしゃった男性のクライエントで、有名企業の管理職につき、バリバリ仕事をされている方がいらっしゃいました。一戸建の家に住み、奥様は専業主婦で2人のお子さんがいらっしゃる——一見、順風満帆な感じの方でしたが、カウンセリング中の言葉の端々から、「自分は長男だから」「男がしっかりしなくては」という考えをお持ちなのだなということがわかりました。さらに話を進めていくと、「実は家のローンがたいへんで……。仕事はやってもやっても終わらず、ものすごく忙しい」と、非常に疲弊していらっしゃいました。そこで「奥様にパートに出てもらってはいかがですか？」と伝えると「いえ、僕が一家の大黒柱なので」とキッパリおっしゃるのです。「女は家にいるもので、男の自分が稼がなくてはいけない」ということを強く主張されていました。

ところが、施術で使う香りに選ばれたのは、カモミール・ローマンでした。この香りは「マザーズハーブ」ともいわれており、母親のような受容的なエネルギーももっています。この方は「お母さん、助けて！」と心の奥深くでは思っていらっしゃるのかもしれないと感じたのです。

本当はものすごく苦しいけれど、「どんなときでも男は強くなくてはいけない」と母親に教育されてきたのかもしれません。カモミールは「かたくながんばりを、少しは緩めてもいいんだよ」と伝える香りなのです。「ご家庭でもこの香りを楽しんでください」とアドバイスしました。

おすすめの使い方

マッサージオイルとして使うほかに、美肌作用があるのでスキンケアにこの香りを使うことをおすすめします。メラニンの生成を抑える作用があるので、美白効果も。化粧水などにブレンドして毎日使うことでも、十分なアロマセラピー効果を得ることができます。

おすすめワーク

①笑う

なかなか自分に自信を持つことができず、内部に感情や思いをぐっと抑え込みやすい人は、それらを発散させることが大切になります。第3チャクラのパワーは、太陽の光そのものなので、外に放出されることで輝きを増していきます。抑え込んだものを発散させる、もっとも簡単な方法が笑うこと。笑う気分ではないときでも、あえて笑ってみることで、エネルギーが回りはじめます。そして、それが自己表現や個のパワーにつながっていくのです。

②第3チャクラのプロテクション

いつも不安がつきまとい、自分の意志を貫けないことで、自尊心が低くなっている人におすすめなのが、第3チャクラのプロテクションです。第3チャクラがあるみぞおちのあたりに両手を置き、そこに意識を向けながら、深い呼吸を何度か繰り返してみてください。すると、自分の中に自信が湧いてくるのを感じられると思います。

また、外部から攻撃を受けているような感じがしたり、周囲が気になったりして自分の意見をなかなか言えないときにも、この方法がおすすめです。相手に自分を明け渡してしまうのではなく、「相手を尊重しながらも、自分は自分のままでいる」という姿勢を貫きたいとき、ここに手を当てていると、しっかりと自分の尊厳を守ることができます。

他者からのエネルギーは第3チャクラから入ってくることが多いので、そういうものを侵入させたくないときにも、みぞおちのあたりをプロテクションしたり、第3チャクラに関連するエッセンシャルオイルを塗ったりすることもおすすめです。

なお、自分にプレッシャーがかかったり、力を試されたりするような出来事が起こるというのは、それを現実として受け止めて、自尊心を高めるチャンスとして生かせる力が、あなたの中にできたという証拠でもあります。

プレッシャーによって必要以上に緊張したり、悲観したり、不安になったりすることもありません。「自尊心を高めるチャンスがやってきた！」と、ポジティブに考えて物事にあたったほうが、スムーズな流れにのっていかれるでしょう。

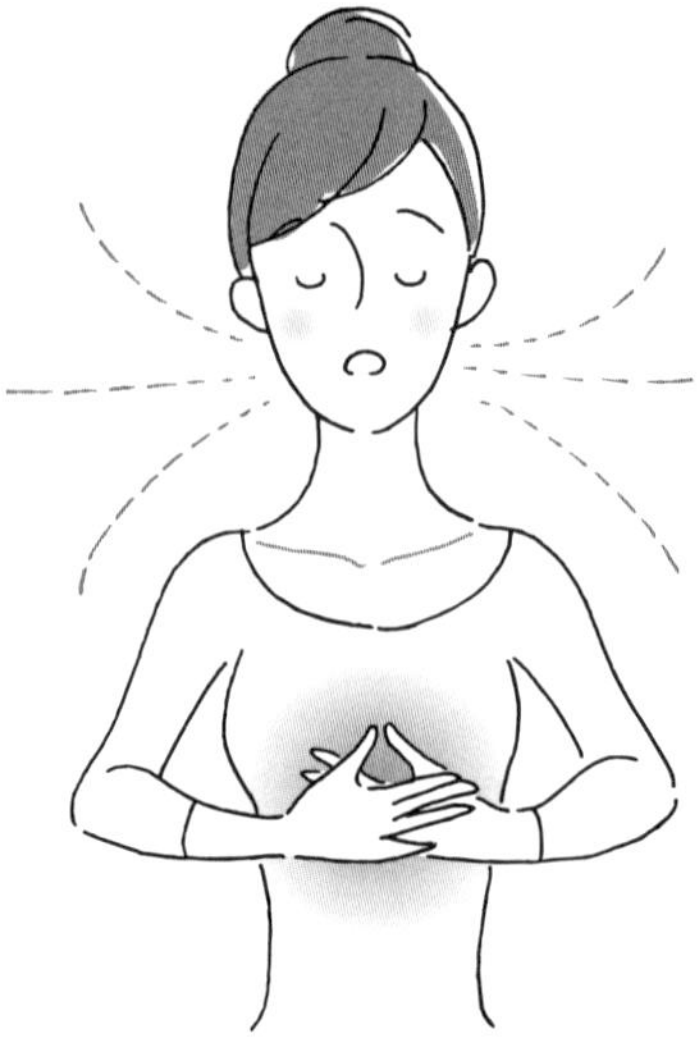

column

補色で感じる　第3チャクラと第7チャクラの関係

第3チャクラのイエローと第7チャクラのヴァイオレットは、互いを補い合う補色の関係にあります。この二つのチャクラが相乗的に活性されることで、私たちの魂の成長はさらに促されると考えられています。

まず、第3チャクラは「私の幸せは私が決める！」と自信とプライドを持ち、自分の個性を世界に向けて発信し、自己確立させることがテーマとなっています。そして、第3チャクラの色であるイエローは、太陽の光という象徴があるだけに、「純粋さ」が大切になります。そのため、第3チャクラのバランスが崩れていると、自分の純粋な心の声に耳を傾けるよりも、「社会からどう見られるか？」に重きを置いてしまうため、自分の価値を決める軸がずれてしまいます。人からどう思われるかを基準に生きていては、本当の自分らしい人生を歩むことができません。自分の心の声を大切にしながら、「私は私でいい」という思いを抱き、人生を開拓していく必要があるというわけです。

一方、第7チャクラの色は、宇宙の色とされるヴァイオレットです。このカラーのテーマは、自分らしい人生を歩むほどに自分が宇宙という大きな存在の一部であることを感じ、感謝してその流れに身を委ねられるようになること。

大いなる宇宙の流れを受け入れられず、「自分らしく生きるなんて無理」「世の中が信じられない」という不信感の中で生きている方は、まずは第3チャクラのテーマと向き合ってみるとよいでしょう。

第3と第7チャクラのエネルギーが互いに補い合うと、純粋に自分自身を楽しみながら生きることが、真の豊かさにつながっていくのだという理解が深まっていき、自分の人生に深くやすらげるようになっていきます。

Part 5

無条件の愛

精油と第４チャクラ

第４チャクラと共鳴する精油

ローズ・アブソリュート
ゼラニウム
ライム
パルマローザ

第4チャクラのテーマ

一般に第4チャクラはハート・チャクラとも呼ばれ、サンスクリット語ではアナーハタといいます。「二つのものが衝突しないで起こる音」「止まることのない」という不思議な意味をもっているのですが、これは自分と他者との間に起こるハーモニー（調和）を意味しているのではないかと考えています。

また、ハート（＝心）は、喜び、幸せ、嫉妬、怒り、悲しみなど、あらゆる感情を生み出す場所。そのため、ハートに位置する第4チャクラは、すべてのチャクラの中でももっとも強力なパワーをもつと考えられています。なぜなら感情は、あらゆるものを創造し、拡大するのと同時に、破壊する力をもっているからです。

なお、第4チャクラの発達期は、12~15歳の青少年期（思春期）。この時期に自分の思いを行動に移す体験をしたり、愛を理解したりするきっかけがあるとよいといわれています。そのためにも、この時期に師として尊敬できる人に出会うことは、非常に大きな学びとなります。師というのは両親だけでなく、学校の先生や部活の顧問の先生、塾の講師など、さまざまな場所で出会う可能性があります。いずれにせよ、本当の愛というものを教えてくれる大人が近くにいるとよいとされています。

主要な七つのチャクラのうち、第1〜3までが肉体を司るチャクラで、第5〜7は精神を司るチャクラ。この肉体と精神を結びつけ、統合させるのが第4チャクラです。そんな**第4チャクラの学びのテーマは、「無条件の愛」。**無条件の愛、というと、他者に向けての愛を想像して難しく考えてしまいがちですが、まずは「自分を愛すること」がテーマとなります。

では、自分を愛する、とはどういうことでしょう？

それは、肉体と精神の統合が示すとおり、自分の中に生まれる思いを肉体を通して行動したり、体現したりすること。つまり、自分がやりたいと思うことを自分にやらせてあげることと、とらえられます。たとえば、本当に食べたいものを食べる。ずっと行きたいと思っていた場所に出かけて行く。それも愛です。能動的な行動だけでなく、自分が休みたい、と思ったら休ませてあげる。それも愛といえます。

難しく考えず、こういうちょっとしたことから意識して行うと、愛の感覚がわかるようになるでしょう。

自分を愛することができるようになると、他者に向けての愛の学びが始まります。

相手をコントロールすることなく、純粋に愛すること。見返りを期待せずに、相手が過ちを犯したとしても、それを許すこと。こうしたことを意識的に学ぶチャクラでもあります。

そのために、まずは自分の心を見つめ、ありのままの感情に気づき、必要であれば癒し、解放する。そうした体験を通じて、ありのままの自分を受け入れていかなくてはなりません。それでも、「自分をそのまま受け入れるなんてできない」「今の私にはこれが足りない」「もっとがんばらなくては」と思う人も多いと思います。

もし、こうした思いが湧いてきたら、そんな自分をしっかり見つめて「これでいい。これが今の私なのだから」と、まずは自分にYESを出してあげてください。そうすることが、無条件の愛を知る第一歩となります。第4チャクラはシンクロニシティとも関わりがあるため、このように意識することで愛を育てるのに必要な体験が舞い込んでくるかもしれません。そんなときこそ、自分に対して愛とやさしさを持ち、どんな自分も受け入れてあげること。そうした愛が、自らの成長の扉を開きます。

無条件の自己愛に目覚めてはじめて、ほかの誰かを愛するとはどういうことなのかを学ぶことができます。そのためにも、相手をコントロールせずに無条件で受け入れ、その人

が必要としている学びや成長、生きる目的をサポートするという体験が必要になるのです。

そして、互いに必要な成長を遂げたら、いつかはそれぞれが違う道へと進む岐路に立つかもしれません。そのときに、どちらも自分の心に背くことなく、お互いが心から望む道を進みはじめるというのも、愛の形の一つといえるでしょう。

相手とずっと一緒にいたいからといって、無理に自分の成長を止めたり、相手から「変わらないでほしい」と言われて変化をあきらめたり、もしくは、相手に変化しないように求めたりするのは、本当の愛とはいえません。それを続けるほどにフラストレーションがたまり、怒りの感情として噴出したり、お互いに感情を殺したり、何らかの無理を重ねて一緒にいることになってしまうからです。真実の愛は、決して束縛したり、成長を止めることを望んだりはしないということを心に留めておく必要があるのです。

ある意味、第４チャクラの学びは、人間にとってもっとも難しいことかもしれません。それでも、私たち人間は愛について学ぶために、それぞれの人生を送っています。いろいろな人と関われば関わるほど、たくさんの感情が湧きおこり、それを一つずつ感じていくことが、人間を成長させる大切なプロセスとなります。**喜び、楽しさ、充実感、そして、嫉妬、屈辱、悲しみなど、そのときに感じるありのままの感情を「私は今こんなふうに感**

じている」と受け入れて、味わうことも、第4チャクラでは大切な学びとなります。

このチャクラには「ゆるし」という学びのテーマもあります。その第一歩は、自分の中にどんな感情が生まれても「悲しんでいい」「悔しがっていい」「今、私は本当に惨めな気持ちになっている、それを感じていい」など、どんな感情を持つ自分も受け入れてあげること。こうした「ゆるし」の感覚から、自分自身をさらに深く理解することができます。

もしも愛の学びがスムーズにいかないときには

ここで第1チャクラからの復習をしてみましょう。第1チャクラでは、生まれてから3歳までの間に「自分はこの人生に招かれて生まれてきた」という安心感を味わうことが大切になります。第2チャクラでは他者との交流を通じて、そこから生まれる感情や創造性などを感じていきます。そして、自分とまったく同じ人間はいないということに気づいていくのです。第3チャクラでは「私とは何者なのだろうか」と模索しながら、「個」のパワーを確立させます。ここで「私」というアイデンティティを確立し、他者との愛の交流を学ぶ第4チャクラにあがってくるというステップを踏んでいます。

そのため、第4チャクラの学びに入る前に、自分と他者との間に境界線をしっかり引けるようになっているはずなのですが、この部分が弱いと、他者を羨んだり嫉妬したりして、自他の境界線を失った状態になりやすいのです。他人を羨むことを「隣の芝生があおく見える」といいます。あおいと表現されていますが、芝生は緑色をしていますよね。さらに、英語では嫉妬のことをGreen Eyed Monster（緑の目の怪物）といいます。

第4チャクラの色はグリーンで、ポジティブな意味合いとしては、愛や調和を表しています。ただ、それがネガティブに出てしまうと、自他を混同して他人を羨んだり、嫉妬したり、自分と相手との境界線を壊してしまうことになりかねません。

もし、誰かに嫉妬や束縛を感じたり、逆にそうした感情を投げかけられたりしたときは、相手と自分の境界線を見直し、相手をどうにかしようとするのではなく、まずは自分自身を愛するという原点に立ち返ってみましょう。

関連するホルモン分泌器官　胸腺

胸腺は、心臓の上前部にあります。幼児から小児期にかけては、免疫を担う重要な働きをすると同時に、発育を促すホルモンも分泌しています。さらに、リンパ球の製造を促し、体内を浄化する働きも担っています。

リンパ球というのは、体内に侵入してくる菌やウィルスなどを攻撃し、免疫をつくるという働きがあるのですが、胸腺はいわばリンパ球の学校のようなところです。生まれたばかりのリンパ球たちは、ここで「自分」と「自分ではないもの（=細菌・ウィルス・癌細胞など）」の区別を学びます。そのおかげで、自分の正常な細胞を攻撃せずに、体外から侵入してくる異物だけを攻撃する免疫がつくられるというわけです。

ところがストレスなどが原因で、この学校システムがうまく働かなくなると、自他の区別がつかなくなり、自身の正常な細胞までも攻撃してしまう「自己免疫疾患」を引き起こしてしまうのです。

これは、第4チャクラのテーマでもある「自己と他者の境界」と重ねてとらえることができます。ここで大切なのは、自分と相手との間にしっかりと境界線を引き、自分の中の「YES／NO」を明確にすること。そして、ハートが違和感をおぼえることには、きちんと「NO」を言い、そのようにした自分を許し、責めないこと。また、誰かに受け入れてもらうために、本来の自分にふたをして嘘の自分を演じ続けることをやめ、ありのままの自分を自分自身が受け入れること。こうしたことも、愛につながっていくからです。

なお、ストレスを感じると胸腺は萎縮し、リンパの流れが悪くなり、免疫力が低下してしまいます。それをカバーするため、第1チャクラに関わる副腎から、副腎皮質ホルモンが多量に分泌されることになります。この状態が長期にわたると副腎が疲弊し、第1チャクラのトラブルとなって表れることがあります。

また、胸腺は青少年期までに一気に成長し、その後は緩やかに委縮して、50代になるとその機能は20代の約半分になるといわれています。50歳を過ぎるとさまざまな病気が出はじめるのは、胸腺の働きの低下にともない、免疫が下がるからだともいえます。カラーや香りを取り入れながら第4チャクラをケアし、胸腺の働きを活性させていくことは、美しく健康に年を重ねていく秘訣ともいえるでしょう。

エネルギーのカラー　Green　緑

自然界の象徴：森、植物の葉、草原

「グリーン」のテーマ：成長、変化、調和、学び、自由、スペース

第4チャクラを表すグリーンは、自然界の中では森や植物の葉、草原などを象徴する色です。ツル科の植物の葉などは光に向かってぐんぐん伸び、たとえ障害物があったとしても、それをかいくぐって伸び続けます。そのためグリーンという色は、成長や前進する力の象徴でもあります。第4チャクラのテーマである**「自分の思いから行動を起こす」**ことと、葉がぐんぐん成長していく姿が重なり合いますね。

また、草原というと、360度広々としたサバンナのようなイメージを抱く人が多いのではないでしょうか。その様子から自由という意味も含んでおり、**「愛とはつねに自由なもの。自分自身も自由に成長を続けていい」**ということを表しています。

ただし、この色がバランスを崩すと、相手を縛りつける束縛や嫉妬という側面も出てきます。そこでまず大切なのは、束縛や嫉妬をしてしまう自分に気づくこと。そして「束縛する自分はダメ」「嫉妬する自分はカッコ悪い」というジャッジを入れず、「そう思っているんだね」と、自分の思いを一度受け入れること。こうした気づきは、愛や自由といった感覚を学ぶためのベースとなるからです。

また、森を象徴する色で、調和というテーマももっています。グリーンが好きな方は、向上心が強くて変化を求めるため、さまざまな仕事についたり、引っ越しを何度もしたりという方が多いのです。そういう人たちは、どんなに人に羨ましがられるようなステイタスのある仕事をしていても、自分にとっての学びがなくなったと思うとそこにいられなくなり、次の学びがある場所へと移っていきます。

こうした変化を繰り返すことが、その人にとっての人生のテーマなのですが、必ずそのときに全体との「調和」を考えて悩みます。自分は変化したいけれど、周囲との調和も大切にしたいと考え、自分が抜けることで「調和を乱すのではないか」と思い悩むのです。

でも、本当の調和とはどういうことなのでしょうか？　もうそこにいたくないけれど、自分に嘘をついてまわりの人のためにそこにいるというのは、本当の意味での調和ではありません。まずは、自分がしたいことを明言し、行動に移しながらも、周囲と良好な関係を築いていく。それこそが、真の調和といえるのではないでしょうか。

真の調和とはなにか？　～ティーポットのお話～

調和についてのたとえ話で「ティーポットのお話」というものがあります。丸テーブルに10人座っていて、それぞれの前に空のティーカップがあります。そして中央には大きなティーポットが置いてあり、10人分のお茶が入っています。「みなさんにお茶を注いでください」と言われたら、あなたはどのようにお茶を注ぎますか？

おそらく10等分して同じ量ずつカップに注ぐと思います。でもそうすると、「もっと飲みたかった」と不足を感じる人や、「こんなに飲めない」と残す人が出てしまいます。

では、どうすればよかったのでしょう？

答えは、全員に「どれくらい飲みたいですか？」と聞きながら、飲みたい量を注いでいけばティーポットのお茶は必ずきれいに空になる。これが宇宙の真理だといわれます。

ただし、その前提として、それぞれが自分のことを理解し、自分はどのくらいのお茶が飲みたいのかをわかっていなければなりません。隣の人の量を見て「私もあれくらいに」というのは通じません。**いかに自分の心や身体に細やかな意識を向け、そこから感じたことをそのまま伝えられるか。そこに愛や調和の真理が隠されているのです。**

カラーセラピーの観点からみると、グリーンが気になるときは、次のようなことが考えられます。ご自身の状態を知る目安にしてみてください。

バランスがとれているとき
・あらゆる感情を素直に感じられる
・自分の本当の思いにしたがって行動できる
・自分を大切にしている

バランスがとれていないとき
・がまんに慣れてしまい自分が何をしたいのかわからない
・共依存、他人をコントロールしようとする
・自己否定感が強い

グリーンの波長をもつエッセンシャルオイル

グリーンの果皮のエッセンス、ベルガモット、マンダリン・グリーン、ライムは、チャクラの中でもっとも強力なエネルギーをもつ第4チャクラと同じ波長をもっています。そ

のため、**これらはよろこびにあふれた香りで、ハートがワクワクするほうに従って生きる感覚を教えてくれます。**

また、植物の葉はグリーンの波長をもっているため、ハーブや葉のエッセンシャルオイルは、どれも第4チャクラに影響を与えます。ピンクも第4チャクラにつながる色なので、グリーンの葉とピンクの花をもつゼラニウムやクラリセージは、その代表格の香りといえるでしょう。なお、本書ではあえてクラリセージを第2チャクラの香りとして紹介していますが、一つの香りが一つのチャクラにしか影響を与えないということはありません。第2と第4チャクラと関連しているクラリセージなど、複数のチャクラに影響を与える香りもたくさんあります。

ここでは、第4チャクラを代表するエッセンシャルオイルとしてローズ・アブソリュート、ゼラニウム、ライム、番外編としてパルマローザの4種を詳しくご紹介します。

ローズ・アブソリュート／Rose Abs.

学術名：*Rosa centifolia*
科名：バラ科

抽出部位：花

第４チャクラの色はグリーンですが、Hidden Pinkといって、グリーンの陰にピンクが隠れているという解釈もあるため、ピンクも第４チャクラに入ります。

ひと口にローズといっても、ローズ・オットーとローズ・アブソリュートと2種類の香りがあります。前者は水蒸気蒸留で抽出されるので、水に溶けない成分だけがエッセンシャルオイルとなります。一方、今回ご紹介する後者は、抽出時に溶剤を用いるため、ローズの香り成分のすべてを抽出することができます。そのため、「ローズそのものの香り」という観点からみると、アブソリュートのほうが優れているのではないかと感じます。

一般的に、オットーはダマスクローズという種類の花から抽出されて、アブソリュートは花びらがキャベツの葉のように重なっているキャベッジローズから抽出されます。オットーのほうが軽やかな感じで、アブソリュートのほうが重厚な香りといえるでしょう。ただ、どちらを使用するかを決める際、一番に大切にしてもらいたいのは「どちらの香りが心地よく感じるか」ということ。ご自分の感覚、もしくはクライエントの感覚を信じて、そのときに欲するほうを使用してもらえたらと思います。

ローズ・アブソリュートの香りのテーマは「愛」。ローズは「香りの女王」という別名もあり、女性性に響く香りといわれています。陰陽でいうと、女性性は陰の受容性のエネルギーを持っていることから、ローズは「自己受容」を促す香りでもあります。ありのままの自分をそのまま受け入れることで、「ゆるし」という感覚の理解を深めていくのです。

ローズには、香り成分が1000種類以上入っているといわれます。それにもかかわらず、香り自体はとても調和されていることから、**「調和」「完全性」**というメッセージを見出すこともできます。「私にはこれが足りない」「もっとがんばらなければ」と自分をコントロールしてしまう人には、この香りを嗅ぐことで、**「今の自分はこのままで完全なのだ」と、そのままの自分を受け入れる感覚を養っていくことをおすすめしています。**

なお、ローズは第1〜第3までの肉体に関わるチャクラと、第5〜第7の精神を司るチャクラをつなぐ第4チャクラの香りなので、**自分の思いを行動につなげていきたいときにも役立ちます。**さらに、アクションを起こすことだけが行動ではなく、疲れていると感じたら、無理せず自分を休ませることも行動の一つです。必要なときには休息を取ってもいいという感覚を呼び覚ますので、**自分をいたわる気持ちに気づかせ、そこから自分を愛する感覚を育ててくれる香りでもあります。**

アブソリュートの溶剤残留が気になりますか？

生徒さんから「ローズ・オットーとアブソリュートの違いは何ですか？　使い分け方がよくわからなくて」と聞かれることが多いのですが、オットーは水蒸気蒸留で抽出する際に発生する水、火、風という自然エネルギーが加わっているので、エネルギー的なパワーが強いように感じます。深い魂レベルでの問題を抱えている人は、こちらを選ぶ傾向にあります。一方、アブソリュートは、香りの良さという特徴から、香水をつくるときや心を豊かにしたいときに選ぶ方が多いといえるでしょう。

伝統的なアロマセラピーを学んだ方の中には、アブソリュートは抽出時に溶剤を使うので、その化学物質がオイルに残留しているのではないかと考え、水蒸気蒸留で抽出されるオットーしか使わないという方もいらっしゃるようです。ただ、約1Lのローズ・アブソリュートのオイルに入っている残留成分は、私たちがセルフサービスのガソリンスタンドで1回給油する際に吸いこむ空気中の化学物質量と同じというデータがあります。ちなみに、私たちが通常使うエッセンシャルオイルの量は1滴が0．05mlです。

そう考えると、私たちが普段吸っている空気中に含まれる排気ガスなどのほうが、よほど気を使わなければいけないものだということがわかります。こうしたことから、私はアブソリュートも使用しています。

おすすめの使い方

ローズは陰陽でいうと心と身体を鎮める「陰」の性質が強いので、社会の中で自分を奮い立たせて仕事をしている女性に、ぜひ使っていただきたい香りです。外でバリバリ働いて、帰宅したらスイッチオフのためにローズの香りを楽しみましょう。美肌効果を期待して、スキンケアに使うことをおすすめします。香りが濃厚なので低濃度で楽しみましょう。

ゼラニウム／Geranium

学術名：*Pelargonium graveolens*
科名：フウロソウ科
抽出部位：葉と花

ゼラニウムは、グリーンの葉とピンクの花をもつハーブです。第4チャクラのグリーンと、隠れているピンクの色味をもつため、第４チャクラを代表する香りといえるでしょう。

一番の特徴は、究極のバランサーであること。一般的なアロマセラピーの本では、ゼラニウムは女性ホルモンを整える作用があると書かれていますが、**すべてのホルモンの分泌を活性させる働きがあり、全身のホルモンバランスを調えてくれます。**

そのため、肉体、精神、感情がバラバラになってしまっているような人にも、おすすめです。たとえば、身体はものすごく疲れているのに、頭は「休んではいけない！」と考えて無理を重ねているなど、そういう方の心身のバランスをとるのにも役立ちます。

なお、ゼラニウムというと女性が使うイメージが強いのですが、意外と中高年の男性にも人気です。男性も年を重ねるごとにホルモンの分泌が減り、心と身体のバランスを失いがちになりますから、そういう時期にさしかかる男性が好むというのも納得がいきます。

ハーブを育ててみるとわかるのですが、ゼラニウムはとても強い植物です。繁殖力も高いですし、ちょっとやそっとでは枯れません。「氣」がとても強いエッセンシャルオイルです。中医学には「氣血水の巡りがいいときは健康である」という考えがありますが、血や水は自力で動くことができず、ものを動かすには氣のエネルギーが必要になります。

内観し、感情を手放すことの出来る香り

日々、人にとても気を使っていて、自分のことは後回しにしてしまうような人は、非常に気を消耗するので、氣血水の巡りが悪くなり、月経トラブルやうっ滞などの症状として現れます。一般的にゼラニウムの作用は、むくみや婦人科系トラブルによいとされていますが、中医学の視点で考えると、ゼラニウムの香りは血・水の巡りの原動力となる「氣」が強いといえるのです。

この香りを使っていけば、他者ではなく自分自身に意識を向け、さまざまな感情に気づけるようになっていくでしょう。

気を使い過ぎていると、「氣鬱」、「氣滞」という症状が出て、意味もなくイライラしたり不機嫌になったりすることがあります。子育て中の方などは、ちょっとしたことで子どもにあたってしまったり、手が出てしまったり、ひどい言葉を投げつけてしまったり——その後にはっと我に返り、私はダメな母親だと自分を責めてしまう人が多いのです。見方を変えるとそういう方は子どものことをすごくよく見ていて、たくさんの気を使っているといえます。そのため、どんどん自分の「氣」が足りなくなって氣鬱や氣滞を引き起こし、イライラと不機嫌になってきているところで、子どものちょっとした行動にプツッとキレ

てしまうわけです。

そう考えると、これも一つの愛の形といえるのではないでしょうか。それだけ子どものことを気にかけているからこそ、自分の「氣」が足りなくなり、愛の裏返しの状態になっているのですから。

こういうときは、いいお母さんにならなければと無理にがんばるのではなく、自分の状態に気づいてあげること。特に原因が思い当たらないのにイライラと不機嫌になってしまうのは、「氣」を消耗し過ぎているからかもしれないと自分を客観視してみましょう。そうして自分の状態に気づけば、アロマを嗅いだり、芳香浴をしたりして、気持ちを穏やかに保つことができます。こうして「私、がんばりすぎて疲れていたんだね」と自分を理解することは、第4チャクラのテーマである愛の理解にもつながっていきます。

おすすめの使い方

すべてのホルモン分泌を活性する作用があるので、ホルモン分泌の減少が気になる40代以降の男女ともに人気があります。香りを嗅ぐだけで元気になり、リフレッシュできます。作用が穏やかなので、アロマバス、芳香浴、スキンケア、トリートメントと、どんな方法でもお使いいただけます。ちょっとした傷やアザには原液を1滴擦り込むと、治癒が早まります。

ライム／Lime

学術名：*Citrus aurantifolia*
科名：ミカン科
抽出部位：果皮

グリーンの果皮をもつベルガモット、マンダリン・グリーン、ライムなどは、どれも第4チャクラに共鳴する香りですが、なかでもライムは一番軽やかで、嗅いでいるだけでハートがうきうきし、純粋な気持ちになります。

ライムの果皮は一般的にグリーンと認識されていますが、熟すと黄色くなります。私たちが普段目にしている緑のライムの果実は、これからどんどん成長し、黄色く熟していく前の「赤ちゃん」の状態です。だから、フレッシュな若々しさと、これから成長していく期待やワクワク感を感じさせてくれるのですね。

自分に対する希望や期待感に対し、ライムの香りは強くハートを動かすセンサーとなります。「私はこれをやりたい！」という気持ちを明確にし、自分はそれをするのに値すると感じさせてくれる香りです。

私たちはともすると、何かを「やりたい！」と思っても、すぐに思考のジャッジが入って損得を考えたり、「やったからといってなんの役に立つの？」などと思ったりしがちです。それでも本当は心のどこかで「ハートの声に従って生きたほうが、しあわせな人生を築いていくことができる」とわかっているのではないでしょうか。そんなとき、ライムの香りを積極的に生活に取り入れていくと、**自分らしい人生を創造するサポートとなり、自分自身を大切に扱う愛の感覚も養うことができます。**

それと同時に、ハートを浄化する、とても純粋な香りなので、自分の感情にずっとふたをしてきた人にもおすすめです。また、ハートを閉ざして生きてきたことで、どこか行き詰まりを感じていたり、「どうせ私はできない」という感覚に陥っていたりする人たちにも、ぜひ活用していただきたい香りです。

光毒性は「光を集める」という植物の個性

なお、ライムのエッセンスは光毒性があるため、一般的には0．5％以下の濃度で使うようにといわれています。読者のみなさんの中には、「光毒性」というと、シミなどをつくる悪いものととらえている方がいらっしゃるかもしれませんね。たしかにそうした作用もありますが、私は光毒性が悪いものだとは思っていません。

柑橘系の果物は、果皮に太陽の光をぐんぐん吸収して成長し、お日様色の黄色やオレンジに色づきます。ところがライムなどグリーンの果皮の場合は「これからお日様の光を吸収するぞ！」という状態のときに収穫されているので、皮の部分に光を集めようとする性質が残っています。その皮を絞った生のエッセンスを皮膚に塗ると、そこで光を集めようとする働きが出るため、皮膚にシミや炎症を起こしてしまうのです。

これは見方を変えれば、毒性というよりは**「光を集める個性」**といえるのではないでしょうか。そして、光というのは私たちの意識において「希望」や「未来」としてとらえることができます。**光を自分の中に集めようとする働きがあるので、自分を成長させるものをどんどん取り込みたいとき、グリーンの果皮のエッセンスは強力にあと押ししてくれます。**光毒性があるからと敬遠せず、上手に使っていただきたいと思っています。

おすすめの使い方

ディフューザーなどで香りを楽しむ芳香浴がおすすめです。呼吸が深く、心が軽やかになるのを感じられると思います。テンションが高い香りなので、朝から昼間に楽しみたい香りです。光毒性があるため、日中肌に塗布する場合は0．5％以下に希釈してください。

番外編　パルマローザ／Palmarosa

学術名：*Cymbopogon martini*
科名：イネ科
抽出部位：草

別名はインドゼラニウム、トルコゼラニウムといわれるくらい、ゼラニウムと香りが似ています。香りの成分組成も当然似ているので、パルマローザの香りはゼラニウム同様、ハートのバランスをとり、安心感をもたせてくれます。

パルマローザはイネ科の植物なので、根元に近くなるほど茎がしっかりしてかたいのですが、葉先はとても繊細で少しの風でも揺らぎます。強さや頑固さと同時に、はかなさや繊細さをもち合わせている植物といえるでしょう。

同じように、人の心にも強い部分と弱い部分があります。私たちは無意識のうちに「強くなければいけない」「弱さを認めてはいけない」という感覚に陥りがちですが、**パルマローザの香りを嗅いでいると、自分の中の強さと弱さの両方を認め、「それでいいんだよ」と心から安心して自分でいられる感覚を味わうことができます。**

そのため「私はこうでなければいけない！」と、強く自分をコントロールしてしまう人におすすめです。強い自己コントロールの根本原因は、ほとんどが不安からきています。その場合、心のどこかで「つねにいい子でいなければ」と考えていたり、「まわりから自分はどう見られているか」という基準で物事を決めていたり……。そんな無理を長年続けていたら、心は疲弊し、身体にも影響が出てしまいます。

こうした強いコントロールを手放すには、なによりもまず自分で自分にOKを出すことが大切になります。「強い自分がいていい、弱い自分もいていい。そのどちらも大事な私」という感覚から、どんな自分もしっかりと受け止めて、そこにいる安心感を味わいましょう。パルマローザの香りを嗅ぎながら、やさしく自分を受け止めてあげてください。

嫉妬や束縛したい気持ちを解消する香り

パルマローザは根元の茎がしっかりしているので、葉先を自由に風に遊ばせながら、しっかりと立っていることができます。この姿から**「自分の土台がしっかりしていれば、心も自由に解放できるよ」と、軽やかに自由であることの楽しさを教えてくれているともいえるでしょう。**ただ自由だけを追い求めていると、ふらふらと根無し草のようになってしまいますが、土台がしっかりしていれば、いくら自由になっても自分は自分でいることができる――パルマローザはそうしたバランスをとってくれるので、自分の感覚に従って、自由に生きていきたい人にもおすすめの香りです。

また、さまざまな人たちと自由に交流するとき、自分が確立されていないと、足りないものを他者から補おうとして、依存のパートナーシップが生まれることが多々あります。

実はパルマローザは、嫉妬や束縛などで悩んでいる方が好む香りでもあります。嫉妬や束縛をしてしまうのは、ありのままの自分に自信が持てないことの裏返しです。自分への不安からパートナーに好かれようとして本当の自分を隠したり、相手の行動を束縛したり、関係性に執着してしまったりします。

そういうときには、**「自分は自分でしかない。ほかの人にはなりようがないのだから」**

という感覚を取り入れていくことが必要になります。そうした心の葛藤と向き合うときに、パルマローザはやさしくその人に寄り添ってくれる香りです。

こうした特性をもつことから、第4チャクラでは意外とパルマローザは人気の香りなのです。不安や自信のなさから、嫉妬や束縛でパートナーに執着してしまう。そんな悩みを抱えている方に、特にこの香りは響くでしょう。また、嫉妬というのは、他人と自分を比べること。それに慣れてしまうと、誰かと比べて、「私はこれができない」「私はここがダメ」というように、いつも自分をジャッジするようになってしまいます。そうした葛藤で苦しむ人の、心のバランスをとるのにもパルマローザは非常に役立ちます。

おすすめの使い方

美肌作用が高いことで有名です。ぜひスキンケアにお使いください。自分の肌を大切にケアすることは自分へ向けた愛を育むことにつながります。肌がきれいだとそれだけで女性はワクワクするものですよね。美肌は自己肯定感を高めます。また、ハートのバランスをとりたい方は、この香りで香水をつくっていつも身につけておくと、心が安定しておすすめです。

おすすめワーク

①深呼吸

深い呼吸をすると肺が収縮と拡張を繰り返し、その真ん中に位置する胸腺に動きが加わります。その動きでまわりの神経や筋肉、血管などが緩み、血流やリンパの流れが活性します。日常の呼吸よりも、深くゆっくりと息を吸い込んで、息を吐き出して……その呼吸を気持ちよく感じられる間、繰り返してみてください。

また、緊張などで胸部の筋肉がこわばると呼吸しにくくなります。そういうときはエッセンシャルオイルの力を借りるとよいでしょう。第4チャクラに響く香り、もしくは呼吸器に作用する葉から抽出された香りなどがおすすめです。

②セルフマッサージ

胸腺のある胸の中央のあたりに手を当てて、ゆっくりとマッサージします。深呼吸しながら、軽くさすったり円を描いたり、優しく心地よいタッチで行います。手のひらの温かさを感じて胸腺が緩み、機能が活性するイメージで行いましょう。イライラしたり悲しい気持ちになったりしたときも、これを行うことで穏やかな気持ちを取り戻すことができます。このとき、好きな香りを入れたマッサージオイルを用いるとより効果的です。

③食事

胸腺が司る免疫力は、食事からも高められます。免疫力を支える栄養素は「酵素」なので、これを意識した食生活をしていきましょう。発酵食品や野菜を積極的に食べて腸内環境を整えること。そして、よく噛んで食べることも大切です。なお、発酵食品は体質によって合う・合わないがあるため、自分の体質に合ったものを

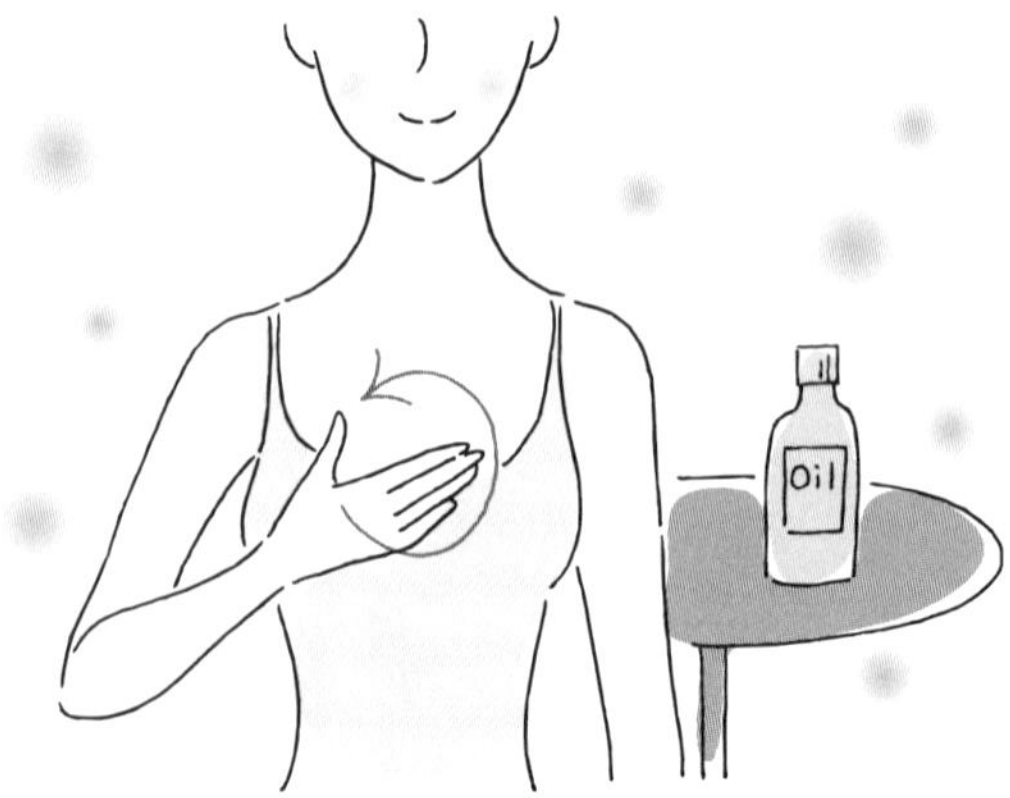

調べて摂るようにしてください。

④「私」と表現するとき胸に手をあてる

「私」と表現するときは、手を胸の中心にあてますね。こうした動きを通じて、自分自身は第4チャクラがあるハートに存在しているということを、日々思い出していくことができます。人と意見を交わすとき、自分のスタンスを保ちたいとき、他者との境界を保ちたいとき、胸に手を当てて「私は」と意見を伝えてみましょう。

column

チャクラは現代をよりよく生きるツール

チャクラというと、特殊なものと思われがちですが、今の時代にこそマッチした「魂を成長させるツール」といえるでしょう。チャクラの思想が生まれたのは今から約4500年以上前のヒンドゥー文化といわれています。当時と現代では文化がまったく違いますし、何より長い年月の中で人類の意識は進化してきました。進化の歩みの中で、不要になったとらわれやルールを解放し、自由な現実を創り出してきたのです。

今の私たちも、「よい学校を出て、よい会社に就職して、早く家庭を築くことが幸せ」という観念に違和感を覚えはじめ、「自分らしく生きることが幸せ」という、より自由な世界を創り出しています。それと同時に、チャクラは、実は修行をしなくても誰の中でも平等に機能しており、そのバランスをとることで「幸せな私」という現実を生きられると気づきはじめています。「魂を成長させるツール」であるチャクラシステムは、誰でも意識することで機能し、バランスを調えることができます。難しく考えず、ワクワクした気持ちでチャクラの世界を楽しんでください。

Part 6

真実を語る

精油と第５チャクラ

第５チャクラと共鳴する精油

サイプレス
パイン・スコッチ
ユーカリプタス・ラディアタ

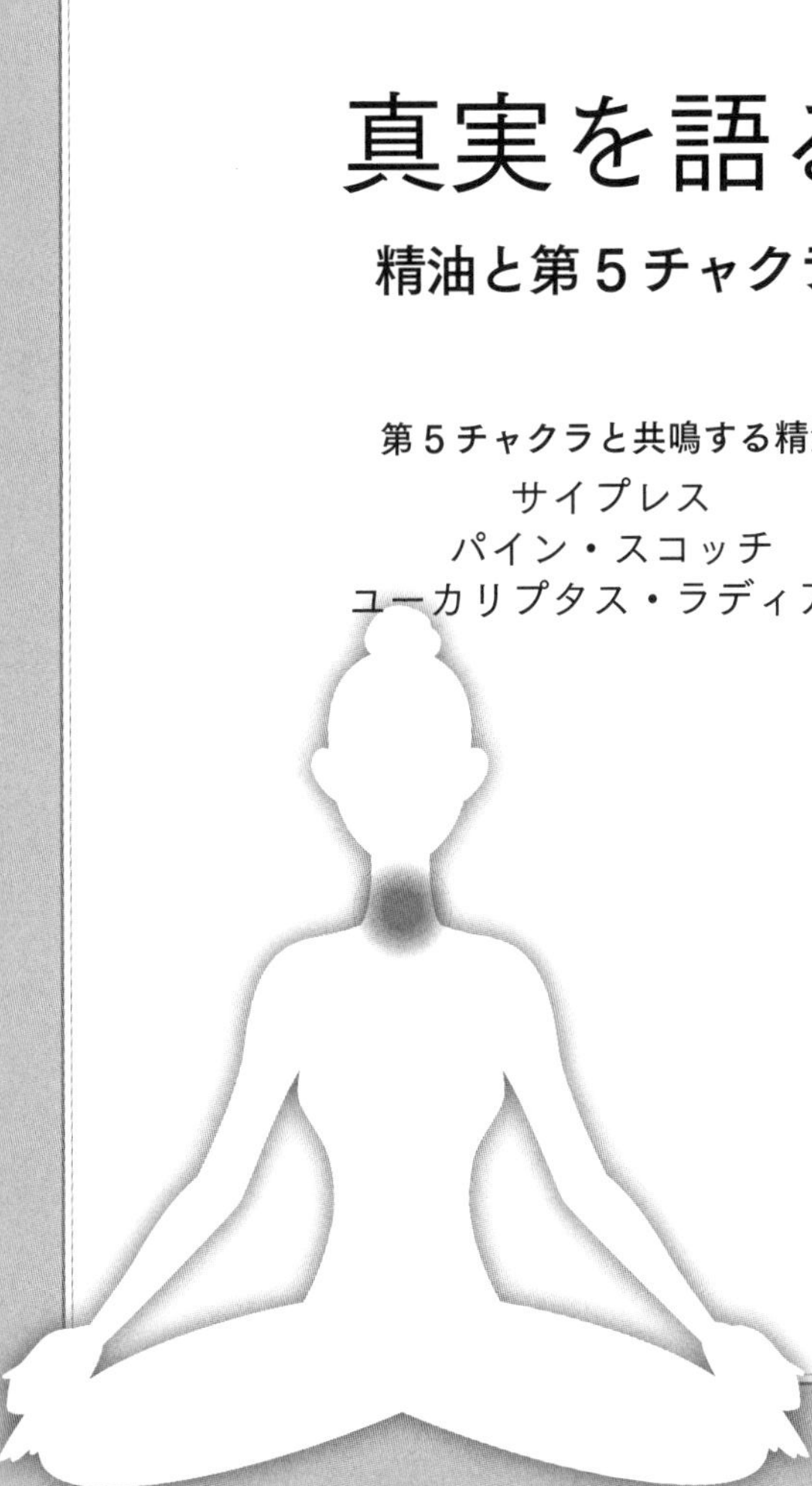

第5チャクラのテーマ

第5チャクラは喉にあることから、音、言葉、声に関するエネルギーセンターの役割を担っています。他者に伝わるように自分を表現すると同時に、他者の声を聞くという機能をもち、コミュニケーション全般に関わります。スロートチャクラともいい、サンスクリット語ではヴィシュッダ（浄化という意味）と呼ばれています。発達年齢は諸説ありますが、16～19歳という成人に向かっていく時期となります。ただ、第5チャクラとなると精神的な発達に関わってくるので、発達における個人差がかなり現れるチャクラでもあります。

そんな第5チャクラのテーマは**「真実を語る」**。第1から第4チャクラのバランスがとれることで、私たちは自分自身の本当の気持ちと向き合えるようになります。自分の内側の声を聞き、それを外の世界へ向かって伸びやかに表現することを通じて、真実を語るとはどういうことかを学んでいきます。

自分の思いを声に出すというのは、空気に振動を与えて、それがまわりに広がっていくわけです。そこにはヴァイブレーションが生まれ、エネルギーが宿ります。自分のハートからの思いを正直に出した声はヴァイブレーションが整い、心地のよい波長をもっています。そして、空気を伝わって、無制限に広がっていくのです。

その一方で、自分の本当の気持ちを無視して相手に合わせたり、本意ではないのにさも本意のように振舞ったりして出した声は、ヴァイブレーションが乱れています。そして空気を通じて、絶えず乱れた波長をまわりに広げてしまうのです。

第5チャクラには「あなたのひと言ひと言が絶えず全世界に影響を与えている」という教えがあり、私たちは自分が話す言葉に責任を持つということを学んでいきます。一度放たれてエネルギーをもった言葉は、取り消すことができないからです。

自分のハートに誠実に真実を語るために

第5チャクラからは、精神を司ります。少しずつ自分のエゴから離れていき、全体性の中の一部としてより成長するための表現をするというのが、このチャクラでの学びとなります。そのため、理性や知性を使いながら、自分の声でどのように表現し、自分自身そして周囲にどのような成長を与えていくかが大切になってきます。

自分の声が最初に届くのは、まぎれもなく自分自身の耳です。整った波長の声を自分に

聞かせるためにも、自分に誠実に生き、真実を語ることを意識していきましょう。

なお、**第5チャクラはヴィジョンや世界全体の理解といった、精神性を高めるための入口になるチャクラでもあります。よりスピリチュアルな生き方に進んでいくための架け橋になるといえるでしょう。**

「選択のチャクラ」ともいわれており、このチャクラは人間の意志の力の中心となっています。自らの意志の力を強めるということは、自分のエゴを貫くことではなく、自分自身をいかにコントロールし、自分のため、そして全体のためになる選択をしていくかという神聖な学びにつながっていきます。

関連するホルモン分泌器官　甲状腺

甲状腺は喉仏の下に位置し、蝶々のような形をしています。この形も興味深いところです。蝶は精神性を表し、卵から芋虫、さなぎと姿を変えるので「変容の象徴」とされています。第5チャクラは精神性の入口のチャクラでもあり、そこに関わる甲状腺が蝶のような形をしていることから、これまでの生き方からスピリチュアルな生き方へと変容していくことをサポートしてくれているようにも感じます。

脳の下垂体から指令を受け、甲状腺ホルモンを分泌するのが甲状腺の主な働きです。甲状腺ホルモンは、血流にのって全身の細胞の活動性を高めることから、「やる気ホルモン」とも呼ばれ、人生を前向きに「クリエイティブに生きよう！」という気持ちにさせてくれます。

また、甲状腺ホルモンは骨や神経、精神状態にも影響を与え、子どもの成長や発育を促進するなど、人間が生きていくうえで欠かせないホルモンといえるでしょう。脂肪などを燃やし、活動するために必要なエネルギーをつくり出したり、古くなった細胞を新しい細胞につくり変えたりするなど、新陳代謝を活発にする働きもあります。

甲状腺のトラブルは、女性に多くみられます。甲状腺ホルモンの分泌量が過剰になると、全身の代謝が高まり、心臓の動きが活性するため、少し動いただけでも脈拍が上がってしまいます。それにともない、腸の働きが活性し過ぎて下痢になったり、食欲はあるのに痩せていったり、神経が高ぶるためイライラしたり、早口で興奮しやすくなったりします。その代表的なものがバセドウ病です。

逆に甲状腺ホルモンが不足すると、やる気が起きず、いつもだるくて眠くなったり、食欲が減退して寒がりになったり、物忘れが多くなったりします。その代表的なものが慢性甲状腺炎の橋本病です。なお、子どもの場合は発育不全を引き起こすこともあります。

なぜ、甲状腺の病は女性に多いのでしょうか。女性は社会の中で受け身になって生きてきた時代が長く、女性特有の「みんなで一緒に」という同調主義の中にずっと身を置いて生きてきました。その中では自分の意見を主張することはよしとされないため、無意識のうちに自分の思いを飲みこんできたからかもしれません。もしくは、相手を不快にさせたり怒らせたりしないようにと気遣って、自分の意見を押し殺してきたからかもしれません。いずれにせよ、喉のエネルギーが解放されず、鬱積を続けることで、甲状腺のバランスに支障をきたしてしまうのかもしれません。

以前､旦那様のお仕事の関係で､長く海外生活を送っているという生徒さんがいらっしゃいました。一時帰国されていたときに、たまたま第5チャクラのレッスンを受講してくださったのですが、そのときに「私はずっと甲状腺機能障害を患っていて、投薬治療で治ったのですが、闘病中はすごく苦しかった」とおっしゃっていました。言葉が違う海外生活において、なかなか話すことができず、自分の考えを言えなかったそうで「きっとそれが原因で、甲状腺の病気になったのだと思います」と……。第5チャクラと甲状腺はやはり関係しているのだなと感じる体験談をうかがうことができました。

なお、甲状腺のうしろには副甲状腺があり、血液中のカルシウム値をコントロールしています。甲状腺と副甲状腺は肉体の発育だけでなく、精神の発達にも影響を与えています。そのため、これらのバランスがとれていれば、理性的な脳の思考を重んじながら、情緒的な心の表現もできるというわけです。第5チャクラが理性や精神性に関わるということは、こうしたことからもご理解いただけるでしょう。

さまざまな働きをもつ甲状腺が活性化することで、肉体的にも精神的にも元気になり、私たちは充実した生活を送れるようになっていきます。

エネルギーのカラー　Blue　青色

自然界の象徴：空、水、海、地球

「ブルー」のテーマ：母性、女性性、受容性、精神性、信頼、コミュニケーション、内面第5チャクラの色であるブルーは、自然界でいうと、空や海や水の色。さらに世界初の宇宙飛行士となった、旧ソ連のガガーリンが「地球は青かった」と言ったように、ブルーは地球の象徴でもあります。そして、私たちは日々、青空に包まれて生きることから安心感を得ています。包み込む、安心感を与えるということから、**ブルーには母性的なエネルギーがあり、受容性の色ともいわれています。**

ブルーは内面を表す色なので、**精神性**にもつながっていきます。この色が好きな人は比較的受け身で落ち着いていますし、自分の内面をとても大切にします。また、海、水という象徴から冷静さや落ち着きを表すのですが、水は冷たいものなので「心がブルーになる」という表現があるように、気持ちが冷たくなったり、憂鬱になったりしたときにもブルーと波長が合うのです。

地球の象徴でもある色ですが、地球というのは本当に不思議な星です。私たちの足元には、確固とした床や地面がありますが、実はこの星は銀河系の宇宙の中に浮いているのです。地球自体が回転しており、太陽のまわりを回っています。

そう考えると非常に不安定なのにも関わらず、私たちは地球に対して「いつかバランスが崩れて滅びてしまうのではないか」など、微塵も思っていませんよね。なんの疑いもなく、地面があり、空気があり、頭上には空があると信じて、日々の生活を送っています。この現象を改めて考えると、ものすごく不思議な感じがしませんか。地球に住む生き物のDNAには「地球に対する信頼」という情報が組み込まれているのではないかと思ってしまうくらいです。

また、**信頼というと他者に向けるものと思いがちですが、第一に大切なのは自己信頼です。**自分に対する揺るぎない信頼があるからこそ、他者のことも信頼できるのです。自分、そして他者への信頼感を高めていくためにも、第5チャクラの香りを活用してもらえたらと思っています。

カラーセラピーの観点からみると、ブルーが気になるときは次のようなことが考えられます。ぜひご自身の状態を知る目安にしてみてください。

バランスがとれているとき

・人を惹きつける声と話し方をする

・自分の思いを素直に伝えられる

・自分の人生を信頼し自由に生きたいと思っている

バランスがとれていないとき

・ネガティブなおしゃべりが止まらない
・自分の意見が言えず相手に合わせてしまう
・自分が信じられない

ブルーの波長をもつエッセンシャルオイル

葉から出る芳香成分が紫外線と反応してブルーに見えることで、壮大なブルーマウンテンズの景観をつくり出すユーカリプタスは、もっとも第5チャクラに響く香りといえるでしょう。

このほか、第5チャクラと共鳴するエッセンシャルオイルには、葉から抽出されたものが多数あります。特徴的なのは、サイプレス、ティートゥリー、パイン・スコッチなど、葉の形が細い針葉系のものが多いということ。第5チャクラのテーマは「浄化」なので、これらのオイルはどれも強力な浄化のパワーをもっています。

また、葉の色というのはグリーンですから、第5だけでなく第4チャクラにも影響を与える香りとなります。十分に味わった感情をハートから手放したいとき、針葉系の香りは、その感情がスムーズにクリアになっていくことをサポートしてくれます。

ここでは、第5チャクラを代表するエッセンシャルオイルとしてサイプレス、パイン・スコッチ、ユーカリプタス・ラディアタの3種を詳しくご紹介します。

サイプレス／Cypress

学術名：*Cupressus sempervirens*

科名：ヒノキ科

抽出部位：球果（小枝・針葉）

サイプレスの特徴として、「受容」して「流す」という作用があります。また、体液が過剰なところに届いて引き締める働きがあることから、**不要なものをすべて流し去る、浄**

化の力が強いエッセンシャルオイルといえます。また、引き締めるという特性から、感情をむき出しにしておしゃべりをし過ぎる人のハートを浄化し、むだ話を止めてくれる香りとしても頼りになります。

私たちは自分を成長させるために必要な出会いや出来事を引き寄せ、つらい経験も嬉しい経験もすべて体感しながら、学ぶべき事柄の意味を受け取ろうとしています。ところが、そうした意味を知ろうとせず「あの人が悪い」「この仕事はきついからいや」「私ばかりいやな思いをしている」などと文句ばかり言っていると、自分で自分の魂を成長させるために引き寄せた出来事なのに、なぜわかってくれないのだろうという悲しみが、潜在意識の中に積み重なっていきます。

「あれがいやだ」「これがいやだ」という愚痴をずっと言っていると、その乱れたヴァイブレーションの声は、つねに自分の耳に最初に届くことになり、自分自身を傷つけていきます。どうしても現実が受け入れられず、文句ばかり出てしまうときは、サイプレスの香りで心を一度鎮めましょう。サイプレスはヨーロッパでは墓地に植えられる木として知られており、その香りは心を鎮めて冷静さを取り戻し、「なぜこうした出来事が起きたのだろうか？」という自分自身とのコミュニケーションを促してくれます。

そうして自分の内面を深く見つめるうちに、どんなにつらい困難であっても、目の前の出来事は自分を成長させるために必要だから与えられているという気づきをもたらしてくれます。生きていると、悲しみに飲み込まれてしまう出来事に遭遇することがありますよね。そんなとき、その出来事を受け止める勇気が持てないという方がサイプレスを使うと、自然と心が鎮まり、現状を冷静に受け止められるようになっていきます。

そもそもつらい状況に出くわすと、私たちは「受け止めてなんとかしよう」と思ってしまうからこそ、プレッシャーを感じるわけです。すぐになんとかしようとせず、まずはその出来事を受け止め、自分はどんなことを感じているかをハートで味わうこと。サイプレスはそのための流れもスムーズにしてくれます。

そこから「私はこういう感情だったのか。だからこれが嫌だったんだな」「この感情を私は味わいたかったんだ」などの気づきを得ると、その感情や出来事を手放すことができます。そうすることを拒否して、いつまでも自分の感情と向き合わないままでいると、何度も同じテーマの出来事が訪れることになります。そうならないためにも、まずはそのときの感情を十分に味わってみてください。静かに自分と向き合うとき、サイプレスの香りはやさしく寄り添ってくれるはずです。

なお、このエッセンシャルオイルの抽出部位は、球果と枝葉です。葉は植物の呼吸器にあたるので、私たちの呼吸器系にも作用し、五行では「金」の悲しみの感情とつながっていることがわかります。目の前で起きている物事に対して悲観的になっているとき、風邪をひいているわけでもないのに咳が止まらなくなるときがあります。サイプレスはそうした精神的なことが原因の咳にも助けとなります。

サイプレスの球果は形が卵巣に似ているため、昔からハーブ療法として卵巣のケアにも使われていますが、卵巣は第2チャクラにあたる臓器です。面白いことに、第5チャクラのブルーと第2チャクラのオレンジは補色関係にあるので、チャクラ同士にも密接なつながりがあることがわかります。

自分が思っていることを素直に言えず、とても悲観的になっているとき、なぜそうなってしまうのかと自分の内面をみていくと、意外と多いのが第2チャクラに関するパートナーシップの問題です。そうした場合、サイプレスは第2と第5チャクラの両方をケアしてくれるので、香りを嗅ぐだけでも大きな気づきを得やすくなります。

おしゃべりが止まらないクライエントを迎えるときにも有用

アロマサロンにいらっしゃるお客様の中には、セラピストに愚痴を聞いてほしくてたまらない方もたくさんいらっしゃいます。「夫はいつも口うるさくて……」「子どもが言うことを聞かなくて……」「仕事がいつもたいへんで……」などという言葉の奥には、どのような思いが隠れているのでしょうか。

ご本人がそこを見ようとせず、表面的な部分で自分を被害者と感じていて、自分のことを一方的に勢いよくしゃべっているとき、その言葉を耳で聞いている自分自身も傷つけますし、話を聞いているセラピストにとっても、つらいところがあります。

そういうお客様がいらっしゃる場合は、サイプレスをディフューズしてお迎えするという方法がおすすめです。サロンに入った瞬間、心が鎮まるおかげで、むだなおしゃべりをされなくなります。無理に話をさせないというわけではなく、ご本人が落ち着きを取り戻すので、自然と静かになっていくのです。

そのうちに、ご自身の状況を冷静にとらえられるようになり、内観することによって、ご自身に対する理解を深めていくケースが多々あります。もちろん、セラピスト自身が瞑想や内観をしたいときに、芳香浴としてサイプレスを焚いてもよいでしょう。

おすすめの使い方

「引き締め」といえばサイプレス。ぜひマッサージにお使いください。身体の中に溜まっている老廃物や余分な水分など、不要なものを強力に流してくれます。心理面に対しても同様で、過ぎたことにもかかわらずいつまでも心の中でモヤモヤしている出来事があるときは、サイプレスの香りを嗅ぐことで感情の手放しができます。悲観的な感情に苛まれているときは芳香浴、またはボトルから香りを嗅ぐだけでも気持ちが楽になります。

パイン・スコッチ／Pine Scotch

学術名：*Pinus sylvestris*
科名：マツ科
抽出部位：針葉

パインは松の葉から抽出されるオイルですが、浄化のパワーがあり、神聖さをもつ香りで、日本では神社などによく植えられています。また、海岸の防風林として、海と陸地の境界線に植えられていることもあります。

パイン・スコッチの葉の特徴は、一つの房から2本の葉が伸びていること。そのため、**自他を分ける境界線を強化したり、回復させたりする香りともいわれています。自分は自分、他人は他人という境界線をもったコミュニケーションを促す香りのため、クライエントに共鳴しやすいセラピストが、自分をプロテクションするために使う香りとしても人気があります。**

人とのコミュニケーションで、いつも相手に合わせたり、相手の意見を受け入れすぎたりしてしまうという人も多いようです。もしかしたら、過去に自分にとって大事なことを話したのに、相手に笑われた、拒否されたなど、傷ついた経験があるのかもしれません。

第5チャクラには自分の過去の情報がすべて詰まっているといわれています。そして、自分の意見を伝えようとすると、必ず喉を通すことになります。喉にある第5チャクラのフィルターを通さなくてはいけないので、過去に失敗したことなどへの恐れがあると、思っていることと全然違うことを言ってしまう場合があるのです。そうした過去を「浄化しなさい」ということから、第5チャクラはサンスクリット語ではヴィシュッダ（浄化）と呼ばれているとも考えられます。

また、「一度仲良くした人とは、意見が合わなくなってもずっと仲良くしなくてはいけない」というすり込みがある人にも、この香りはおすすめです。**今と過去は違うという境界を認識し、今の自分とコミュニケートして「自己信頼」を高めながら、過去も浄化してくれる働きがあるからです。**

私たちは、自分の魂の成長度合いによって、一緒にいる人たちを選んでいます。それまで居心地よく一緒にいた人たちでも、あなたの成長が進み、居心地が悪くなったのであれば、無理してそこに居続ける必要はありません。

けれど、なかなかそれができず、ずっとまわりに同調しながら、自分が本来目指したい生き方ができないと悩んでいる方も多いと思います。そういう方々が今の自分に目覚めるために過去を浄化しようというとき、パイン・スコッチは非常に役立ちます。

過去のパターンから自分自身を解放し、魂の成長をどんどん後押ししてくれます。今の自分と過去の自分の間に境界線を引いて、魂に沿った生き方を選びたいときの心強いサポーターになってくれるでしょう。

誠実なコミュニケーションを促す香り

自分で「ほしい」と思っているのに、なかなか言い出せなかったり、ほかの誰かがほしそうにしているのを見て、なんとなく言い出せなくなってしまったり……。なんでも人に譲ってしまうという人、あなたのまわりにいませんか。

そういう方々は感性が細やかで、人の感情の動きを繊細にキャッチされているのだと思いますが、誠実なコミュニケーションという意味では、そこで自分の意見を飲み込むのではなく、「私もほしい」と表現することが、あるべき姿だといえるでしょう。

たとえば、「あなたもほしいのね。実は私もほしいの。じゃあ、どうしましょうか」ということで、二つに分けてもいいですし、じゃんけんで決めてもいいわけです。こうしたコミュニケーションがとれれば、お互いに心地よくいられるでしょう。

こうすることがなかなかできず「また譲ってしまった……」と悲観的になってしまう人に対して、パイン・スコッチの香りは「その罪悪感はもう手放していいよ」と働きかけてくれます。すべて人に譲ったり、いつも相手に合わせたりするのではなく、誠実なコミュニケーションを通じて、お互いが成長していくための関わり方を教えてくれるのです。

クライエントに対してものすごく気を使ったり、自分を気に入ってもらおうとがんばったりし過ぎて、ぐったり疲れてしまうようなセラピストにもおすすめです。

おすすめの使い方

部屋にディフューズすると空気を清浄にしてくれます。アロマサロンなどで、1日の終わりに浄化の目的でディフューズしてもよいでしょう。気が合わない人と一緒に過ごしてどっと疲れてしまった、なんだか気分が優れない、というときはボトルから香りを嗅ぐ、または1滴指にとって第3チャクラ（みぞおちあたり）に塗ることで他人との境界線をつくってくれます。他人と共鳴しやすいというセラピストは、クライエントを迎え入れる前にこの方法を行ってもよいでしょう。

ユーカリプタス・ラディアタ／Eucalyptus radiata

学術名：*Eucalyptus radiata*
科名：フトモモ科
抽出部位：葉、枝先

ユーカリプタス（以下ユーカリ）といえば、一般的にグロブルス種とラディアタ種がります。グロブルスは、神経系を刺激するモノテルペンケトンという成分が入っているのですが、ラディアタには入っていないので作用が穏やかです。子どもや高齢者にも安心して使えるということで、家庭で使うときにはラディアタをおすすめすることが多いです。

また、抗菌作用や第4チャクラでも出てきた免疫向上作用についても、ラディアタのほうがグロブルスより優れているといわれます。自分と自分ではないものをはっきり分けて、自分を守る。そうした質はラディアタのほうが強いといえるでしょう。

一般的に、ユーカリに含まれる1．8シネオールという成分が呼吸器によいといわれていますが、ラディアタとグロブルスでは、作用する場所が若干異なります。前者は口から鼻や喉にかけての上気道、後者は気管支や肺にかけての下気道に作用します。

そのため、花粉症や鼻・喉の不快感の改善に使うならラディアタが適しています。少量であれば原液でも使えるので、喉がつらいと感じたときに原液をすり込むと、スーッとした感覚とともに喉が楽になります。風邪やインフルエンザが流行る時期に人ごみの中へ出なくてはいけないときなど、喉のあたりに1滴すり込んでおくと、感染予防とエネルギーの浄化になります。

一方のグロブルスは作用が強いエッセンシャルオイルなので原液使用はおすすめしませんが、気管支や肺のケアとして、湿り気のある咳が出る風邪の改善に力を発揮します。芳香浴、もしくはマスクなどに少量をつけて使用するとよいでしょう。

胸に溜め込んできたものを解放させる香り

先にご紹介したように、ユーカリというと呼吸器系を楽にするエッセンシャルオイルとしてよく知られています。ユーカリの葉を見ると、伸びやかな流線型をしていますね。そんな葉から抽出される香りを嗅ぐと、**胸が伸びやかに広がって呼吸が楽になるのを感じます。そしてハートものびのびと解放されて、自分の思いを楽に表現できるようサポートしてくれるのも感じられるでしょう。**

いつもまわりの人に気を使ったり、緊張したりしていることが多い人は、胸の辺りがきゅーっと縮こまっています。そうすると呼吸は浅くなり、自分の思いも内に閉じ込めてしまいがちに。ユーカリの香りは、そうした人たちに伸びやかに自己表現することを促してくれます。深呼吸をして、自分の中に溜め込んできた感情を手放しさせることで、自分の本当の思いを語るようそっと背中を押してくれる香りです。

また、香りのテーマが**「自己信頼」**なので、ありのままの自分を信頼せず「もっとこうしなくては」と、自分に制限をかけてしまいがちな人にもおすすめの香りです。

おすすめの使い方

中医学でいう風邪《ふうじゃ》（邪気や細菌、ウィルスなど）は、首のうしろにある大椎《だいつい》（頸椎の1番出っ張っている骨の下にあるくぼみ）という経穴から入ってくると考えられています。この大椎のあたりにユーカリを塗ることで、心身を浄化することができます。また、その香りがプロテクションとなり、邪気が入るのを防ぎます。

おすすめワーク

①声を出してみる

正直な気持ちを相手に伝えることが大切になります。ただ、いきなりそれは難しいと感じる場合は、好きな本を朗読したり、歌を歌ったり、「あー」と声を出すだけでもかまいません。意識的に声を出す練習をしてみましょう。

②内観や瞑想をする

音のない静かな場所で、自分の心としっかりコミュニケーションを取ってみましょう。「まわりのことを考えすぎて自分のやりたいことを後回しにしていないか」「自分はどのような生き方を望んでいるか」など、心の声をじっくり聴く時間を持つことも大切です。それと同時に、まわりの静けさの音にも耳を澄ましてみてください。

column

本心からの声は必ずしも美しい言葉とは限らない

チャクラのコースに通う生徒さんの中には、「私、第5チャクラがテーマなんです」という方が少なくありません。第5チャクラは喉に位置するため、声というエネルギーをどう扱うかがテーマとなっており、「真実を語る」という教えがあります。

ハートからの本心を声にのせたとき、その波長は美しいエネルギーとなって空気を伝わり、世界に広がっていきます。「世界を美しいエネルギーで満たしたいと願うなら、いつも心からの表現をしましょう」とお話しししています。

ただ、気をつけたいのは「本心からの声と、美しい言葉は別」ということ。ネガティブな感情を声にしてはいけないという観念から、本当は悲しいのに「私は大丈夫」と言ってしまったり、本当は傷ついているのに「私は全然平気」と言ってしまったり……そうした嘘の言葉に、美しいエネルギーは宿っているといえるのでしょうか。

第5チャクラのレッスンとして、私たちが体験すべきことは「感じたままを声に出してみる」ということです。嬉しい、楽しいという感情と同じように、泣きたい、苦しいという感情も大切に扱ってあげてください。すべての感情は平等です。善悪のジャッジを手放し、どんな感情も愛おしいものとして素直に表現してみましょう。そうすることで、あなたの真実を世界に向けて語っていってほしいと思います。

もし、そうすることが難しいと感じたら、第5チャクラの波長を持つエッセンシャルオイルを嗅いだり、日常生活の中に第5チャクラの色であるブルーを意識的に取りこんだりしてみてください。次第に自分の素直な感情に気づき、それを声に出せるようになっていくでしょう。

Part 7

本質を見つめる

精油と第６チャクラ

第６チャクラと共鳴する精油

ヤロウ
タイム・チモール
イモーテル

第6チャクラのテーマ

「第三の目」がある場所といわれる第6チャクラ。これは額の中央に位置しています。サンスクリット語では、アージュニヤー、アジュナといわれ、「知覚する」という意味を持ちますが、感覚的には「思考を超えて解る」といったところでしょうか。

私たちの二つの目は、この世界を善と悪、裏と表、正解と間違いなどの二極でみてしまいがちです。こうした二極の視点を超えて、物事の表面的な出来事にとらわれずに真実を見つめる、つまり物事の本質を見るのが第三の目になります。

自分の身に起きる出来事はすべて、自らが幸せに向かって成長するための気づきの機会。まぎれもなく自分自身が生み出した現象です。その出来事自体に、良い・悪いという意味はなく、自分の考え方を見直したり、行動を改めたり、意識を変えたりするきっかけになる、ただそれだけのものといえるでしょう。

ところが、そうした理解を受け入れることを恐れ、起きたことに対してまわりの人や社会のせいにしたり、家族やパートナーを責めたりして、自分自身を被害者だと思っていると、せっかくの成長の機会を失ってしまいます。それでも私たちの生きる目的は、人間的にいかに成長できるか。どんなに見ないふりをしても、自分の内側ではそこに気づいてほしいと願うため、同じような出来事が何度も繰り返し起きることになります。

たとえば、オーバーワークで体調を崩し、会社を辞めた人がいたとしましょう。今度は少し楽な仕事に変えようと、パートタイムの仕事に転職しました。ところが、いつの間にかパートタイマーのリーダー的存在になってしまい、メンバーの管理などで仕事の負担が増え、再び体調を崩して退職することに。体調が回復したあと、今度こそ！と気を取り直し、週3日のアルバイトの仕事に変えますが、仕事をはじめた途端にほかのアルバイトの人たちが辞めてしまい、その穴埋めをしなくてはならず、結局週5日勤務となり、仕事は全然楽になりません。それどころか、待遇や給与はどんどん下がり、生活は苦しくなる一方で……。

もし、この人が一連の出来事の本質に気づかなければ、転職を繰り返したとしても状況は変わらず、悪くなる一方でしょう。現実に起きている出来事に、どのような意味があるのか。それは、本人が気づくしかありません。

もしかしたら、できないことはできないと「NO」を言うためのレッスンかもしれません。人に必要とされることで自分の価値を見出そうとすることをやめるためのレッスンかもしれません。仕事ができない人だと思われることへの恐れを手放すレッスンかもしれません。その出来事にどのような意味があるのかは、本人が気づき、「きっとこういうことだ」と感じたことがその人にとっての真理となります。

第6チャクラのテーマは「真実のみを求める」です。それは人から教えられたり与えられたりするものではなく、自分の中だけにあると気づくことが大切なのです。

なお、このチャクラが活性すると、自分から目をそらさず、自分自身を省みる強い精神が育っていきます。そこで必要とされるのが、知性と洞察力。手放すべきものはこれまで培ってきたプライドです。

第6チャクラは知性を司るエネルギーの中心で、意識の中核として極めて強いパワーをもっています。目に見える現実を超えたレベルで物事の本質を見つめるとき、冷静な知的判断を要します。それが精神へとつながり、思考を超えて「解る」という感覚を生み出していくのです。

このように、感じることと考えることのバランスに関わってくるチャクラなので、活性すると、思考に偏らず、自分の直感力を信じられるようになり、気づきの力が高まります。

理由はわからなくても「これは自分に必要だ」と感じると、なんの抵抗もなくそれに手を伸ばすことができるようになります。一方、バランスが崩れていると、そうしたことがなかなかできません。すべてに理由を見出そうとしたり、「○○であるべき」という独断的な価値観を持ったり、「自分は絶対に正しい」と固執してしまったりするのです。そのような状態を長く続けていると、全体の中で自分は生かされているという感覚からどんどん離れてしまい、最後は孤独の中に生きるようになってしまいます。

私たちは、人との関係性の中で自分自身を知り、他者とのやり取りから愛や喜び、幸せとはどういうものかを学んでいきます。孤独になってしまったら、そうした人生のエッセンス（本質）を味わい、自分自身を成長させることもできません。エッセンスに到達する前には、痛みや苦しさがあるものですが、それらはすべて、自分を成長させるために起きていること。第6チャクラのカラーであるインディゴブルーや、エッセンシャルオイルを取り入れながら、目の前の現実がみせてくれている真理に気づいていきましょう。

関連するホルモン分泌器官　下垂体

第6チャクラと第7チャクラに関係する内分泌腺は、どちらも脳内に存在し、脳全体の働きに関わっています。第6チャクラは松果体、第7チャクラは下垂体と関連があるという考え方もありますが、私は第6チャクラと関係が深いのは下垂体であると考えています。

下垂体は、脳の正中部にあるトルコ鞍《あん》と呼ばれる骨のくぼみの中にあり、大きさは7、8㎜というとても小さな脳組織です。その名のとおり、垂れ下がったマメのような形をしています。「脳の中の脳」と呼ばれる間脳の中にある視床下部から命令を受けると、下垂体の前葉や中葉、後葉からさまざまなホルモンが分泌され、血液の流れにのって全身に広がります。

どのようなホルモンが出ているかというと、前葉からは成長ホルモン、甲状腺刺激ホルモン、副腎皮質刺激ホルモン、卵胞刺激ホルモン、黄体形成ホルモン、プロラクチンなど。後葉からはバソプレッシン（抗利尿ホルモン）とオキシトシン、中葉からはメラニン細胞

第6チャクラと関係が深い下垂体

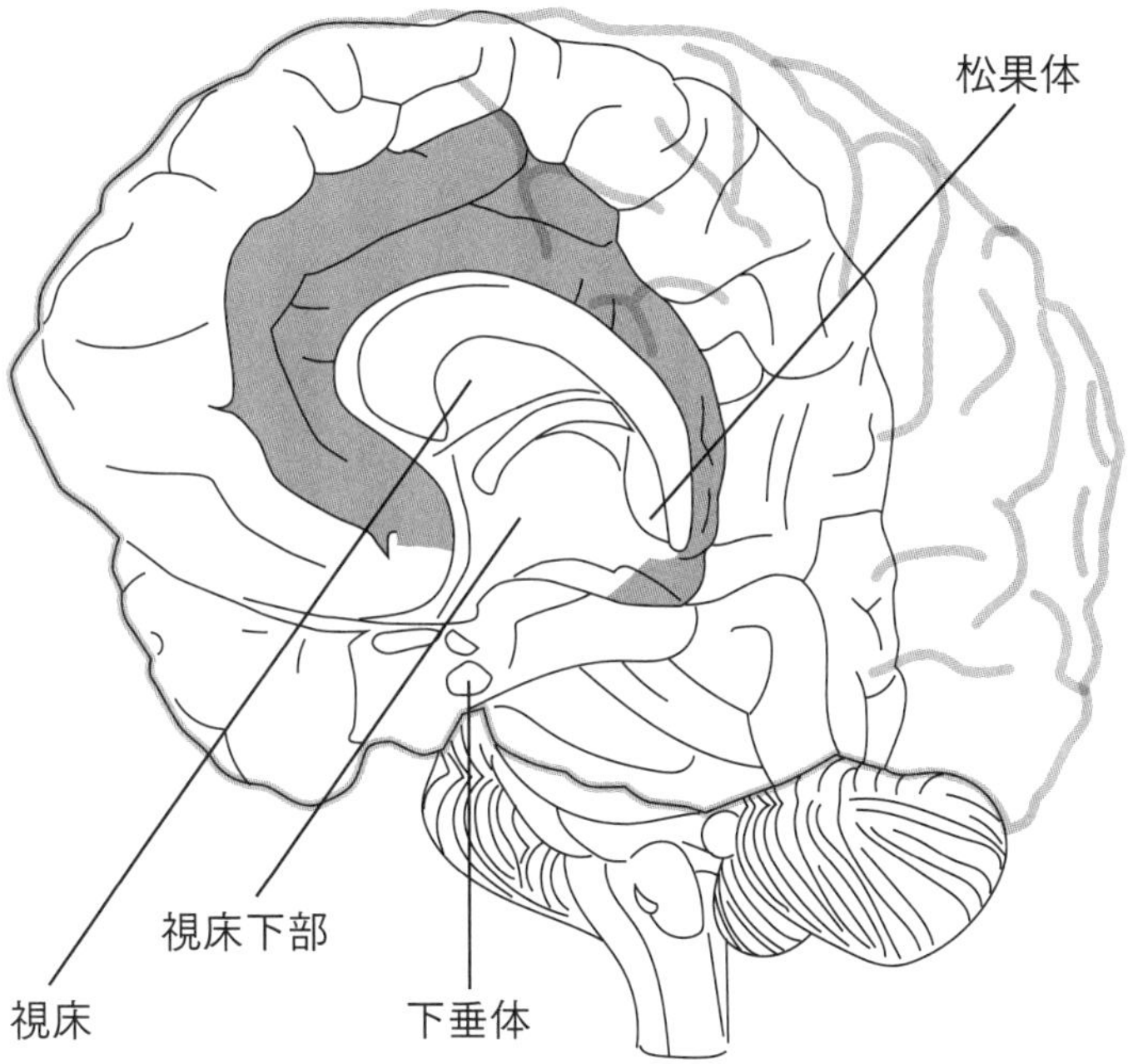

刺激ホルモンが分泌されます。下垂体から分泌されるホルモンは、身体の成長、代謝、懐妊、授乳など生命の営み全体に影響していることがわかりますね。

なお、下垂体と連動している視床下部は、自律神経の働きを調節し、意識・神経活動の中枢を担っています。その働きは実に多岐にわたり、体内時計、体温、血圧や心拍の調節、食欲や飲水欲、性行動、睡眠、怒りや不安などのコントロール、産後の子宮収縮や乳腺分泌など、私たちが生きるうえで絶対的に必要な生理機能を管理しているのです。

その視床下部と連携を取り、実にさまざまな種類の重要なホルモンを分泌し，他の内分泌腺の機能をコントロールしていることから、下垂体は「マスター腺」または「内分泌系の主導者」と呼ばれています。

下垂体が司るホルモンは、本来の自分のバランスで生きることに関わるものばかりです。そのため、自分の現実になぜたくさんの不具合が起こるのか、なぜ現実の中で自分のバランスをうまくとることができないのか。その本質的なところに気づかせてくれるところから、第6チャクラに関わる分泌腺といえるでしょう。

エネルギーのカラー　Indigo blue　インディゴブルー

自然界の象徴：深海、闇
「インディゴブルー」のテーマ：本質を見る、直感力、深さ、内省

第6チャクラの色はインディゴブルー。自然界の中では深海の色、深い闇などを表しており、深い、見えないという部分を象徴しています。インディゴブルーが好きという人は、いつも深い部分を見ている傾向があります。物事の本質を見通す力に長けているのですが、すべてにおいてそうなので、わりと悩みを抱えやすかったり、落ち込んだりすることが多く、内にこもりがちになることもあります。そのあたりのバランスを自分でコントロールしていくことが課題となりますが、洞察力に優れ、見えない世界とコンタクトを取る力がある人が多いといえるでしょう。

生徒さんの中にも、この色が根っから好きという方がいらっしゃいますが、物事をとらえるときの視点がとても深いのです。そのため、なかなか自分の思いをわかってもらえな

いと悩まれることもあるのですが、そんなときは「世の中の人たちはそれほど深く考えていないから、もっと楽に考えていいんだよ」とお伝えしています。そうすると、少し肩の荷が下りて、多くの方がホッとした表情をされます。

また、見えない領域という象徴があるので、見えないものを見る力、直感力、予知など、サイキックなエネルギーを持っている人たちも、この色を好みます。職業的にいうと占い師など、見えない未来をみるという仕事をされている方が多いのですが、意外なところでは、アスリートもこの色に惹かれるようです。

たしかに、0．1センチ、0．01秒を競う世界で競技をするというのは、思考を超えて感覚で「解《わか》る」という世界になりますよね。たとえばアーチェリーは、数十メートルも先にある小さな的の、さらに小さな中心点をめがけて矢を射るわけです。スポーツ選手というのは一流になればなるほど、無意識のうちにサイキックな力を使っているともいえるでしょう。アスリートの方々は日々、肉体も鍛えていますし、物事に対する理解がとても深いので、第6チャクラも活性し、人間としてすばらしい力を備えているのだろうと感じています。

勝負の世界というのは、先が読めません。いくらがんばって練習を重ねてきても、本番でその力が出せるという保証はどこにもないわけです。自分の力が本番で１２０％発揮できるよう、その瞬間だけを思い描いて、つらい練習を日々重ねられるのは、本当にすばらしい肉体と精神の持ち主だからこそできることなのでしょう。

また、見えない部分にフォーカスするということから、まわりが見えなくなっている人、自分にしか関心がない人の心のケアにも、インディゴブルーは役立ちます。

なお、つねに「私はかわいそう」「会社がいけない」「○○さんが悪い」「親のせいだ」など、周囲をすべて加害者にし、自分を被害者にしている場合にも、この色に惹かれることがあります。

カラーセラピーの観点からみると、インディゴブルーが気になるときは、次のようなことが考えられます。ぜひご自身の状態を知る目安にしてみてください。

バランスがとれているとき

・起きることのすべてが自分の成長のためだと理解できる
・感情的に落ち着いている
・自分自身を省みる心の強さがある

バランスがとれていないとき
・同じパターンの困難を繰り返す
・被害者意識が強い
・本当の自分と向き合うのが怖い

インディゴブルーの波長をもつエッセンシャルオイル

深いインディゴブルーの色をしたエッセンシャルオイルであるヤロウ、カモミール・ジャーマンは第6チャクラとつながる代表的な香りといえます。**目の前の現実を表層的にとらえるのではなく、その出来事の本質に意識を向けたいとき、これらの香りは心強いガイドとなってくれます。**

心を静かにして香りを嗅ぐと、自分の内側には無限の世界が広がっており、それが宇宙につながっているかのような、壮大な感覚をおぼえるでしょう。サイキックな能力を使った仕事をしている人は、これらを**「宇宙の香り」**と表現することがあります。

また、第6チャクラがテーマとしてもつ「インスピレーション」「予知」の力に響く、ローズマリーやタイム、ペパーミントなどのエッセンシャルオイルも意識を覚醒させ、ひらめきや気づきを自らの内に下ろすことをサポートしてくれます。

ここでは、第6チャクラを代表するエッセンシャルオイルとしてヤロウ、タイム・チモール、イモーテルの3種を詳しくご紹介します。

ヤロウ／Yarrow

学術名：*Achillea millefolium*
科名：キク科
抽出部位：全草

キク科のハーブであるヤロウは、カモミール・ジャーマンととてもよく似ています。両者に共通する特徴は、エッセンシャルオイル自体が深いインディゴブルーであること。非常に強い癒しの力をもったオイルです。

ヤロウは「戦士の薬草」ともいわれているのですが、これはギリシア神話に登場する戦士・アキレス（私たちのアキレス腱の由来になっています）が、トロイア戦争で負傷した戦友の傷をヤロウで癒したという伝説からきています。

キク科の香りを好む方々にみられる特徴は、霊的な能力が高いサイキック、もしくは深い洞察力をおもちだということ。だからこそ、この現実社会に対し、どこかで生きづらさを感じてしまうのかもしれません。そうした気持ちを「ヤロウの香りがなぐさめてくれる」という言葉で表現されることが多々あります。どうにもできないことへのやるせなさをなだめてくれる、非常に大きな癒しの力をもった香りといえるでしょう。

また、パートナーとの死別、虐待、ＤＶなど、人生において耐え難い体験をされてきて、心やスピリットが傷ついている方々が求める香りでもあります。自分を責めたり、大きな怒りを自らに向けたりして、無意識のうちに自分を傷つけてきてしまっている人に対する、深いなぐさめの力をヤロウの香りがもっているからなのでしょう。

もちろん、そうした現実の出来事は、本人が好んで引き起こしているわけではありません。そこに何か学ぶべきことがあって、現実に起きたことなのです。それでも、本当につらい体験の渦中にいるときに冷静に物事をとらえるというのは非常に難しいでしょう。

たとえば、パートナーが事故で突然亡くなってしまったという体験をした人は、「あのとき、私があああすればよかったのではないか」などの後悔がぬぐえずに、自分をひどく責めてしまうことがあります。そういうときにヤロウの香りを嗅ぐと、自分の力ではどうにもできなかった現実に対する、とても深い理解を得ることができるのです。

サイキックな人はエネルギーがとても細やかですし、つらい状況に立たされている人たちも、感覚がとても繊細になっています。そういう人たちに対してヤロウは、自分と他者の間の境界線をやさしく引き、外のエネルギーから自分を守り、深遠なる癒しの感覚を内面に広げてくれます。**目の前の出来事について自分を内観し、真の理解を得たいから今はそっとしておいてほしい。そんなときにも、深いインディゴブルーのヤロウの香りはやさしく寄り添い、サポートしてくれるでしょう。**

怒りの炎で皮膚炎を起こしている方のケアにも

第6チャクラのインディゴブルーというのは青紫色に近い色をしています。これは信頼の象徴である第5チャクラのブルーと、宇宙の完全性を表す第7チャクラのヴァイオレットが混ざった色ともいえますね。

この両方の要素をもった色なので、**現実世界でどんなことがあっても「それらは自分が**

成長するために必要な体験なのだ」と受け止め、自分のことを信頼し、その出来事が示している本質に気づいていく。こうした一連の流れをスムーズにする香りでもあります。

セラピーの現場では、かなりヘビーな状況に追い込まれている方に使うことが多いのですが、自分を手ひどく責めている人は怒りのエネルギーを内側に向けて、皮膚炎などの皮膚疾患を起こすケースがとても多いのです。怒りの炎が皮膚の炎症として出ている場合でも、ヤロウにはその鎮静作用もあり、皮膚と心の両方のケアに活用できます。

おすすめの使い方

非常にパワーの強いエッセンシャルオイルなので、使うときは必ず0．5％濃度以下に希釈してください。皮膚の炎症などスキントラブルにおすすめです。この香りが必要と感じるのであれば、エッセンシャルオイルで香水をつくってブレンドするとよいでしょう。香水がインディゴブルーに染まり、引き込まれるような美しい色になります。深みがあるけれど透明感のある香りなので、身につけるとクリアな意識で過ごすことができます。

タイム・チモール／Thyme ct. Thymol

学術名：*Thymus vulgalis ct. Thymol*
科名：シソ科
抽出部位：全草

ローマ帝国の兵士たちは、戦に出る前にタイムを入れたお風呂に入り、その香りで士気を高めてから戦場に向かったといわれています。そこから、**タイムは勇気のオイルともいわれ、まだ見えない未来に向かって一歩踏み出すエネルギーを与えてくれる香りです。**

「これをやりたい！」とひらめいたとしても、思考でいろいろな理由づけをしていると、どんどん迷いが生じてしまい、最初の一歩が踏み出せなくなってしまいます。そんなふうに足踏みしてしまっているときにタイムの香りを嗅ぐと、「とにかくやってみよう！」と、突き動かすようなエネルギーが湧いてきます。ふっと心に宿ったひらめきを大事にして、行動に移していきたいときに、ぜひ使っていただきたい香りでもあります。

タイムはハーブ自体がとても強く、どんどん繁殖していきます。生命エネルギーである「氣」が強いので、周囲に気を使ってなかなか自分の人生を歩めない人の背中も、力強く押してくれます。たとえば、アロマセラピーの世界で仕事をして生きていきたいと思っていても、周囲からは「そんなことで食べていかれるの？」「そんな、くだらない夢をみて」などと言われて、とても傷つくことがあります。それでも、「自分は好きなことを仕事にする生き方に変わっていきたい。不安だけれども一歩を歩み出したい！」というときに、タイムはとても心強い味方になってくれるはずです。

なお、この香りは五行でいうと「金」という変容のエネルギーに関わっています。「金」は臓器でいうと肺と関係しています。タイムは植物の呼吸器である葉から抽出されるエッセンシャルオイルなので、**私たちの呼吸器系を整える作用をもっているのですが、それと同時に「古いものを手放し、新しいものを手に入れる」という働きを高めてくれます。**

また、第6チャクラに関連するインディゴブルーは、まわりが見えずに自分だけが被害者だと思い込んでしまう、そんな悲観的な気持ちも象徴しています。その部分に向けてタイムは勇気を与えるので、一歩踏み出すことで物の見方を変えたり、自分を内観することで生き方を変えたりするのをサポートしてくれる役割も担っています。

おすすめの使い方

刺激の強いエッセンシャルオイルなので、必ず1.5％濃度以下に希釈してお使いください。小さなお子さんや高齢者の方への使用は避けてください。心臓を刺激する香りなので、疲労が強いときに嗅ぐことはおすすめしません。元気になりたいときに芳香浴、リフレッシュしたいときに低濃度でアロマバスがおすすめです。

イモーテル／Immortelle

学術名：*Helichrysum italicum*
科名：キク科
抽出部位：花穂

ゴールドの鮮やかな花をつけるイモーテル。フランス語やドイツ語にはインモテルという「不死」を意味する言葉があり、そこからこの名前がつけられたといわれています。「ヘリクリサム」と呼ばれることもありますが、これは古代ギリシア語でヘリオスは「太陽」、クリソスは「黄金」を意味することに由来しています。もう一つの名前は「エバーラスティング（永遠の輝き）」。黄金色をした花がいつまでも色褪せないことから、こう名づけられたといわれています。

第6チャクラの色はインディゴブルーなのに、なぜ黄金色の花なのか、不思議に思われる方がいらっしゃるかもしれませんね。インディゴブルーとゴールドは、補色関係にあります。そのため、本質的には同じ部分を目指してサポートし合うという位置づけになるため、イモーテルは第6チャクラの香りと解釈できるのです。

この香りには、その人の魂を輝かせる、もしくは魂の輝きを取り戻させる作用があります。「自分はなんのために生きているのかわからない」と悩んでいたり、人生に楽しみを感じられなかったり、生きることに意義を見出せない人に、非常に響く香りです。

そういう方々がイモーテルの香りを生活に取り入れていくと、自分を肯定的にとらえられるようになり、本来の自分の姿を思い出していくことができます。

同じキク科の花なので、ヤロウと少し似ているのですが、自分で自分に苦しみを与えている人に対して、太陽のような明るいエネルギーを注ぎ込み、未来に向けた希望を与えてくれます。生きることへの情熱やヴィジョンを取り戻させてくれる香りともいえるでしょう。

物事の本質を見つめるというのが第6チャクラのテーマの一つですが、そこを超えることができると、「自分はこのままでいいのだ」という深い安心感に包まれて生きることができます。ただ、そこにたどり着くまでには、さまざまな体験をして、たくさんの感情を見つけて、自分とは何者なのかを知らなくてはなりません。

これまでにご紹介した第6チャクラの香りというのは、三つとも好き嫌いがはっきりわかれます。これまでそんなに好きではなかったけれど、これらの香りが気になるというときは、自分の中で何かの気づきが深まっていたり、何かに理解を示し始めていたりするというサインなのかもしれません。

おすすめの使い方

美肌作用に優れているのでスキンケアで使うことをおすすめします。また、1滴程度であれば原液使用できるので、傷に塗布すると治癒が早まります。**魂の輝きを取り戻す香りなので、人生の楽しみがわからない人、ショックな出来事で生きることがつらくなっている人など、「魂の癒し」が必要な方のトリートメントでパワーを発揮します。**

おすすめワーク

①リラックスして「無」の時間をとる

頭の中を空っぽにして、リラックスしましょう。あれこれと考えることをやめて、「無」の状態になって脳を休ませます。瞑想がおすすめですが、自然の中に出かけて行き、しばしの間ボーッとする時間をとることも効果的です。

現実の出来事に翻弄され、本質が見えなくなっていると感じたときは、心身から力が抜けてホッと安心できる場所で自分を休ませてあげてください。

column

インディゴブルーのような深みに潜る時期も大切

チャクラという考え方を人生に取り入れることの醍醐味は、「宇宙全体の一部として自分を生きる」ことにあります。それを現実の中で実践することで、私たちはそれぞれの魂が決めてきた、この人生での学びを深めていくのです。人間の成長に限界はありませんから、チャクラの考え方を知ったなら、ぜひご自身の人生に生かして、何度も何度もステージアップしていってもらえたらと思います。

それでも、ステージアップの前には誰しも第6チャクラのインディゴブルーのように、深い闇の中で孤独を感じる時期があるかもしれません。変化の殻を破る前に、今まで起きたこと、出会った人たち、感じたこと、すべての体験が何を物語っているのかという本質に気づかなければならないからです。

そうした時期には、辛さや苦しみなどが伴いますが、すべては自分の成長のため。自分を省みる精神の強さを試されているともいえるでしょう。ここで逃げてしまうと、何度も同じことで人生につまずくことになってしまいます。

自分にとってここが正念場というときには、心を静かにして自分と深く向き合うためにも、ぜひアロマやカラーを活用してみてください。今、自分が向き合わなければならない出来事や感情を受け入れるサポートをしてくれるはずです。

そのとき、もしかしたら怒りが込みあげてくるかもしれませんし、涙が止まらなくなるかもしれません。それでも、そんな自分を受け入れて、自然に任せて、ただただ自分の内面を深く見つめましょう。自分の身に起きたことは、すべて成長のためのギフトだったと気づいたとき、大きな感謝の気持ちが内面の世界いっぱいに広がっていくはずです。

Part 8

目覚め

精油と第７チャクラ

第７チャクラと共鳴する精油

ラベンダー・アルパイン
スパイクナード
サンダルウッド

第7チャクラのテーマ

第7チャクラはサンスクリット語でサハスラーラといい、1000枚の花びらが一斉に開く様子を表す言葉で、「覚醒」を意味しています。第1から第6チャクラのバランスが調うと、この第7チャクラの覚醒が起こると考えます。覚醒というと、なんだか特別なことのような気がしてしまいますが、私は「宇宙の一部として生きている実感」ととらえています。本当の自分を生きる「目覚め」の感覚ともいえます。

私たちは宇宙の一部として存在し、すべてつながった調和の中で生きています。そして、すべての人々は自分を生きるため、自分の魂に必要な成長するために、さまざまな人と関わり、互いに学び合っているのです。

こうしたことに気づくと、今まで生きてきたストーリー、その中で出会ってきた人々、そこで体験したすべてのことが、自分、そして周囲の人たちを成長させるためだったのかと理解できるようになります。心の底からそうした理解を得たとき、私たちの内側からは、まるで湧き出す泉のように、感謝の気持ちが広がっていくのです。

すべてがつながっているということは、私たち一人ひとりの行動や選択が、つねに全体に何かしらの影響を与えていることになります。そこで大切なのは、目先の損得に惑わされず、本当の意味で自分を成長させられる行動や選択をして、自分自身を高めていくこと。そこで誰かの真似をしたり、まわりからどう思われるかを気にしたりするのは無意味なことです。あくまでも自分と向き合って、自分の真の成長を考えることが、第7チャクラの大切な学びとなります。

第7チャクラは「悟りのチャクラ」。「悟り」には「差取り」という意味合いも含まれています。目の前の現実は自分の内側の状態がそのまま外の世界に広がっています。つまり、自分の内側の世界と外側の世界に差はないというわけです。現実の世界に不満や不安があるときは、自分の中にある不満や不安を外側に映し出し、逆に、目の前の世界がとても満たされていて平和を感じるなら、自分の内側も満たされていて平和だということになります。私たちの現実というのは、そのようにして自分の内面の状態を教えてくれているのです。

そのため、外側の世界をいくら変えようとしても、自分の内側が変わらない限りは、現実の世界は何も変わりません。いわば、目の前の現実は自分の一部です。家族への不満、生活の不安、お金の心配、自分へのダメ出し……心の中にあるそうした思いが、現実の世界でそれを見せてくれています。これは私たちを困窮させ、苦しめるためではありません。自分自身が大切なことに気づき、人として成長していくための教えなのです。

第1チャクラから振り返って、一つずつ丁寧に向き合っていくと、心と身体、感情のバランスがとれて、自分を平和な状態に保てるようになります。そうすれば、目の前にどんなことが起きても、その現実が自分に教えていることに気づけて、「ああ、私の内側がこういう状態だからこういう出来事が起きたのだな」と理解することができます。

本当の自分らしさ、内側の平和に目覚めると、もしかしたらそれまでなんとも思わなかった人間関係や仕事に違和感を覚えるようになるかもしれません。

もっと自分の人生を追求したい！という思いが生まれ、本当に必要なものと、必要でないものを見極めたいと考えはじめるでしょう。そして、一緒にいてもお互いの成長に結びつかない人間関係や、生活を安定させるためだけでやりがいを感じない仕事を終わりにしようと決め、実行するかもしれません。

ただ、それは「自分が何とかしなければ！」とやっきになってむりやり状況を変えるというよりは、まるで何かに導かれたかのように自然な形で変化が起きることが多いものです。

第7チャクラが活性するといつもやすらいだ気分になり、自分の内側からそのヴァイブレーションが広がっていくことで、外の世界も自然とやすらかなものに変わっていくからです。

そこで起きる変化は、時には生き方そのものを変えなければならないような大きな出来事がきっかけとなり、動揺やショックが伴うこともあるかもしれませんが、心をやすらかに保ち、流れに身を任せて変化を受け入れることで、結果的にはより自分にとって幸せな生き方へと進むことができます。

関連するホルモン分泌器官　松果体

脳の真ん中にある松ぼっくりのような形をした松果体は、顔の前面まで移動させると、ちょうど「第三の目」のあたりに位置することから、第6チャクラと関わる内分泌腺ととらえられることもあります。ただ、第6チャクラで紹介している下垂体と、この松果体の働きは連携しているので、明確にこのチャクラは下垂体、こちらのチャクラは松果体というようにわけることが難しく、両方のチャクラと関連していると考えています。そうした前提のもと、本書では第7チャクラは松果体に関わる分泌腺として、ご紹介したいと思います。

「宇宙の一部であることを理解する」というのが第7チャクラのテーマですが、これは全体の一部として、本当にやすらいで自然のままに生きることを意味しています。宇宙のリズムと私たち人間をリンクさせてくれているのが松果体なので、第7チャクラに関連する内分泌腺であると考えています。

松果体はとうもろこし1粒にたとえられるくらいの小さな器官ですが、人体においては腎臓に次ぐ膨大な量の血流を受けています。機能としてよく知られているのは、メラトニンの分泌です。メラトニンは下垂体、甲状腺、副腎、卵巣、精巣の機能に影響を与える重要なホルモンで、身体全体をコントロールしています。また、朝起きて夜眠るという自然な睡眠を促すホルモンでもあります。

私たちは宇宙の一部として生きている。その証しとして、生きている間は地球の自転と公転のめぐりと同調するリズムを体内で刻んでいます。それを「生体リズム」と呼びますが、メラトニンは生体リズムを調整する働きもあります。このほか抗酸化作用もあり、眠っている間に酸化による細胞の損傷を抑え、体内の活性酸素を消す酵素の働きを高めます。そのため、身体の老化を抑えるアンチエイジングホルモンともいわれています。まるで、私たちが宇宙の一部として生きること、いつまでもイキイキと健康に生きることを応援してくれているようなホルモンですね。

なお近年、食生活などの変化から、松果体の石灰化が話題になっています。石灰化するとメラトニンの生産が低下するため、体内時計が乱れたり、睡眠障害が現れたり、子どもの正常な発達が阻害されたりするといわれています。全体の中の一部である自分を見失ってしまいそうなときは、カラーやアロマを取り入れて、第7チャクラ、そして松果体をケアしてみてください。

エネルギーのカラー　Violet　紫

自然界の象徴：夜空、宇宙

「ヴァイオレット」のテーマ：人生の目的やテーマ、癒やし、神聖さ、希少価値、特別感深くて落ち着いていて、やすらぎを感じる第7チャクラの色、ヴァイオレット（紫）は、夜空や**宇宙の象徴**の色とされます。夜空を見上げていると、数えきれない星が広がっていて、地球もその中の一つ。私はどうしてこの地球に生まれてきたのだろう……と人生の意味について考えたくなるものです。そんなふうに、ヴァイオレットの色が気になるときは、生まれてきた意味や人生のテーマと向き合いたくなっているのかもしれません。

また、ヴァイオレットは、昔は非常に希少な色で、位の高い人しか身につけることができない高貴な色とされていました。そこから、**高貴、希少、特別感**という象徴もあります。第7チャクラが活性すると、**この世に存在するすべての人に価値があり、一人ひとりが互いに学びを与え合う特別な存在なのだという理解が生まれます。そして、自分に対してもポジティブなプライドを持てるようになります。**

もし「自分だけががんばらないと！」と無理していたり、「なんだか自分を生きている実感がない……」と感じていたりする方は、第7チャクラだけでなく、第1と第5チャクラも意識してみてください。

カラーセラピーの観点からみると、ヴァイオレットの色が気になるときは、次のようなことが考えられます。ぜひご自身の状態を知る目安にしてみてください。

バランスがとれているとき
・過去や未来に固執せず今を生きることを大切にしている
・心がいつも明るくやすらいでいる
・すべてがつながっていて自分はその一部という感覚がある

バランスがとれていないとき
・生きている意味や目的がわからない
・自分の居場所がないと感じる
・自分の人生に違和感がある

ヴァイオレットの波長をもつエッセンシャルオイル

第7チャクラのエッセンシャルオイルといえば、花の色がヴァイオレットのラベンダー。ヴァイオレットには、レッドがたくさん含まれています。チャクラはすべてがつながっていて、エネルギーが巡回しているため、レッドに共鳴する第1チャクラのエネルギーがとても重要になるのです。これは、**第1チャクラが調ってグラウンディングがしっかりすればするほど、第7チャクラの精神性が高められるという真理の表れといえるでしょう。**

たしかに私が愛用しているイタリア・アグロナチュラ（※）産のラベンダーは、根から花穂まですべてを蒸留した香りで、第1から第7チャクラの統合に、すばらしいサポートをしてくれます。

ほかに、サンダルウッド、フランキンセンス、エレミなど、神聖さを感じる香りが第7チャクラに共鳴します。ここでは、第7チャクラを代表するエッセンシャルオイルとして、ラベンダー・アルパイン、スパイクナード、サンダルウッドの3種を詳しくご紹介します。

※アグロナチュラ…イタリア北部ピエモンテ州に位置する農場。ルドルフ・シュタイナーが提唱したバイオダイナミック農法（シュタイナー農法）といわれる、天体の動きに合わせた有機農法を実践する農場として世界一の規模をもつ。

ラベンダー・アルパイン／Lavender alpine

学術名：*Lavandula angustifolia*

科名：シソ科
抽出部位：全草

第7チャクラに関連するカラーであるヴァイオレット。まさしくその色の花をつけるのがラベンダーです。カラーセラピーの世界では、ヴァイオレットは宇宙の象徴の色とされています。**ラベンダーの特徴的な作用は、脳のバランスを調えることで、その人全体のバランス、「生体リズム」を調整するということ。**

私たちは宇宙の一部として生きていることを忘れないよう、体内で宇宙と同じリズムを刻み続けているといわれています。これを一般的には生体リズムといい、睡眠時の脳波や心拍、呼吸、女性の月経サイクルなどがこれにあたります。

リラックスしているときの心拍は、1分間に約60回。1分間は60秒という時のリズムと同じです。寿命が長いゾウガメは、非常にゆっくりとした心拍を打ち、寿命が短いハムスターは速いリズムで心拍を打っています。そして、どのような生き物であっても、決まった脈を打ち終えると、この世の生を終えるといわれています。

こうした生体リズムは、私たちが宇宙と調和するためのものと考えられますが、日々の不安や焦りなどのストレスによって乱れてしまうことがあります。その症状として現れる睡眠リズム障害やストレス性の頻脈、過呼吸、月経サイクルの乱れなどの改善に、ラベンダーは非常に役に立ちます。

また、身体のリズムだけでなく、心や思考、意識のリズムも整えてくれるので、その人がその人らしいペースで生きるためのガイドになってくれる香りでもあります。心の中で焦りを感じているとき、やるべきことはあるのにやる気が起きないときなど、いつもの自分のペースではないと感じたときに、ぜひラベンダーの香りを生活に取り入れてみてください。

崇高な意識で現実世界を生きるための香り

ラベンダーにはいろいろな種類がありますが、なかでもアルパインはより標高の高い山岳地帯に生育しているものです。私のスクールで使っているものは、自然の中で育ってきた野生のラベンダーから抽出されているので、本当にありのまま、自然のままに生きている――そんなエネルギーを感じます。

また、通常栽培のラベンダーよりも、アルパインのほうが意識をクリアにする力が強く、崇高な意識にさせてくれる感覚があります。高山植物の特徴として、強い紫外線（太陽の光）を受けていて光をたくさん吸収しているところから、スピリチュアルな生き方をしたい人にもおすすめの香りです。

近年は「スピリチュアル」という言葉が一般的に使われるようになりましたが、スピリチュアルに生きるとは、どういうことなのでしょうか。それは、逆説的ではありますが、ものすごく現実的にこの社会で生きていくということ。**目の前の「今」という瞬間、瞬間を真剣に生きるということです。**アルパインの香りを嗅ぐと、その感覚を理解しやすくなります。

基本的に、真剣に生きている人は、深刻になりません。真剣な人はひたすら真剣で、そこにあるのは「無」です。第7チャクラは1000枚の花びらが一斉に開くような、覚醒のチャクラともいわれており、ここが活性してくると、目の前が開けるような楽な感じになっていきます。これは今という瞬間を大切に、軽やかに生きるという感覚に近いでしょう。

第1から第6チャクラまで調うと、自然と第7チャクラが活性します。第6チャクラのテーマは、目の前の出来事は、すべて自分のために起きていると理解すること。そうした本質に気づくと、どんな現実であったとしても、そこでの体験は自分がより成長し、幸せになるためのものだととらえられるようになります。
そして、第6チャクラが活性するには、第3チャクラで学ぶ「個」の部分がしっかりしていなくてはなりません。第3チャクラのためのワークとして、意識的に笑うことをご提案していますが、いつも笑っている人は、第7チャクラの活性も早いように感じます。つらいことがあっても「なんとかなるさ、大丈夫!!」と笑い飛ばせるような、絶対的な宇宙への信頼というのが第7チャクラの学びの一つだからかもしれません。

おすすめの使い方
マッサージでもスキンケアでもアロマバスでも手軽に楽しむことができます。おすすめは夜寝るときに1滴手に取り、それを両手に広げてヘッドマッサージすること。深い眠りにつけて、翌朝スッキリした気分で目覚めることができます。

スパイクナード／Spike narde

学術名：*Nardostachys jatamansi*
科名：オミナエシ科

抽出部位：根茎

スパイクナードは和名を甘松《かんしょう》といい、ほかにもナルデやナルドという呼び方がります。「精油の女王」ともいわれていますが、そう聞くと一瞬、「それはローズなのでは？」と思う方がいらっしゃるかもしれませんね。でも、ローズは「香りの女王」。ちなみにジャスミンは「香りの王様」といわれています。

また、聖書に登場する有名な「ナルドの香油」。イエス・キリストが最後の晩餐の後、マグダラのマリアから足に塗られたのはこの香りです。当時、ナルドの香油は非常に高価だったため、のちに裏切り者とされるユダは「なぜ、この高価な香油をすべて使ってしまったのだ」と、マリアを責めました。そこでイエスは、「するままにさせておきなさい」と許したという記述が残っています。つまり、この香りは「許し」にも深く関わる香りといえます。

一般的にエッセンシャルオイルは、「今」という瞬間に意識を合わせたり、「未来」に希望を見出したりするために使うことが多いのですが、スパイクナードだけは「過去」に意識を退行させ、自分が生きてきた道筋を完全に「YES」と受け入れることを促すのです。

この香りと出合ったことで、私自身「ＹＥＳ」という言葉の深さを学びました。これまで多くのトリートメントを行ってきましたが、自分の人生を振り返り「これでよかったのだろうか」と今までの人生の選択に迷いがある方は、ほぼ１００％スパイクナードを選びますし、この香りのみのトリートメントを望まれます。

そして必ず、「自分の人生はこれでよかったと思えました」と言います。つまりご自身の人生に「ＹＥＳ」という確信を持って帰られるのです。「ＹＥＳ」とはすべてを肯定して受け入れる言葉です。これまで生きてきた自分への許しだといえるでしょう。

スパイクナードが「精油の女王」と呼ばれるのは、これまでの人生をすべて受け入れるという、究極の受容性を高めるからなのかもしれません。また、抽出部位が根ということもあり、深くグラウンディングすればするほど、高いレベルの意識を理解できるようになる。そうした部分にも響く香りだといえるでしょう。

地に足がしっかりつくほど、意識は覚醒に向かうということから、スパイクナードは第1と第7チャクラを結びつける香りともいえます。そのため、この香りは内省を促し、自己受容や自己信頼という感覚を生み出してくれるのです。これまで自分が歩んできた道を完全に受け入れ、次の人生のステージに向かうためのあと押しがほしいという方にもおすすめしたい香りです。

おすすめの使い方

トリートメントに使うと精神が深くやすらぎます。日々悩みがあったり迷いがあったりして気が休まらない人におすすめです。また、ヘッドマッサージにも適しています。ただし、独特な香りなうえ、かなり長い時間香りが残ります。好き嫌いがはっきり分かれるため、使用する場所などは考えましょう。

サンダルウッド／Sandalwood

学術名：*Santalum album*
科名：ビャクダン科
抽出部位：木の心材

木の幹の中心部分（心材）からエッセンシャルオイルを抽出しているサンダルウッド。この香りはインナージャーニーとも呼ばれ、自分の内面を自由に旅させてくれるような作用があります。それと同時に、「私はこのままでいい」と、自分の中に大きなやすらぎを感じられる香りです。インドを代表する木で、最古のインドの文献にも「サンダルウッドは王者のようにすばらしい香りだ」という表記が残っているそうです。

なお、サンダルウッドの木は細くて女性的。女性性を高める香りでもあります。陰陽でいうと陰の性質をもっているので、人生に焦りを感じていて、自分を「ああしなくては、こうしなくては」とコントロールしすぎてしまう人におすすめです。自分の中に軸をつくり、「自分は自分のペースで生きればいい」「外側に価値を求めるのではなく自分の内側をしっかりさせることが大切」という感覚を与えてくれるでしょう。神経が不安定になり、焦りや不安でナーバスになっているときにも、落ち着きを与えてくれます。

現実からの教えに気づき、魂を成長させる香り

幹の中心部分から抽出されるオイルなので、**自分の中心軸を見出し、本質的なところに立ち戻りたいときに使うと、本来の自分のあるべき姿を知るヒントが得られます。**何かに振り回されている感じがしたり、忙しすぎて自分がやっていることの意味が見出せなかったりするときは、アロマバスに使うと、とても気持ちが休まります。

「忙しすぎる」という状況にも必ず意味があります。自分を見失うほど忙しくなっている意味とは何か――単純に「忙しすぎるから、仕事を減らそう」ではなく、「なぜ、そういう状況に自分を追い込んでしまうのか」。そこに焦点を当ててみてください。そのように意識することで、自分を中心に据えたところから、深い気づきを得ることができます。

自分を中心に物事を考え、自分を中心に生きていくというのは、実はとても大切なことなのです。ところが現在は、まわりから与えられたものに反応して生きていくというのが主流になっています。そのため、何かあったときには被害者意識に陥り、「あの人が悪い」「社会がいけない」「なぜ、私だけがこんな目にあうのか」などと、外側の世界に責任を押しつけるようになりがちです。

けれども、そうした生き方をしていては、いつまでたっても同じような現実ばかりを引き寄せてしまいます。そうではなく、現実は自分自身の内側がつくり出したものだという意識をもち、その現実を変えていくための責任も自分自身で負うという意識が、私たちの魂の成長のためにも、これからの時代には必要になってくるのではないでしょうか。

おすすめの使い方

心を深く鎮める香りなので瞑想で使うとよいでしょう。また、老化肌と相性がよいので肌の衰えを感じるときはスキンケアがおすすめです。芳香浴などでも楽しめますが、サンダルウッドの木が減ってきているため価格が年々高騰しており、手軽には使いにくいかもしれません。香水を作る際のベースノートに用いると、女性的で落ち着いた香りをつくり出すことができます。

おすすめワーク

①松果体を活性化させる食べ物を摂取する

ホウ素やケイ素などのミネラル、そしてミネラルの吸収を高めるクエン酸を含んだ食品を積極的に摂取しましょう。

●ホウ素→大豆、干しシイタケ、ワカメ、リンゴ、ホウレンソウなど
●ケイ素→緑豆、玄米、ワカメ、大豆、ホウレンソウ、精白米、全粒粉シリアルなど

松果体を活性化させる食べ物

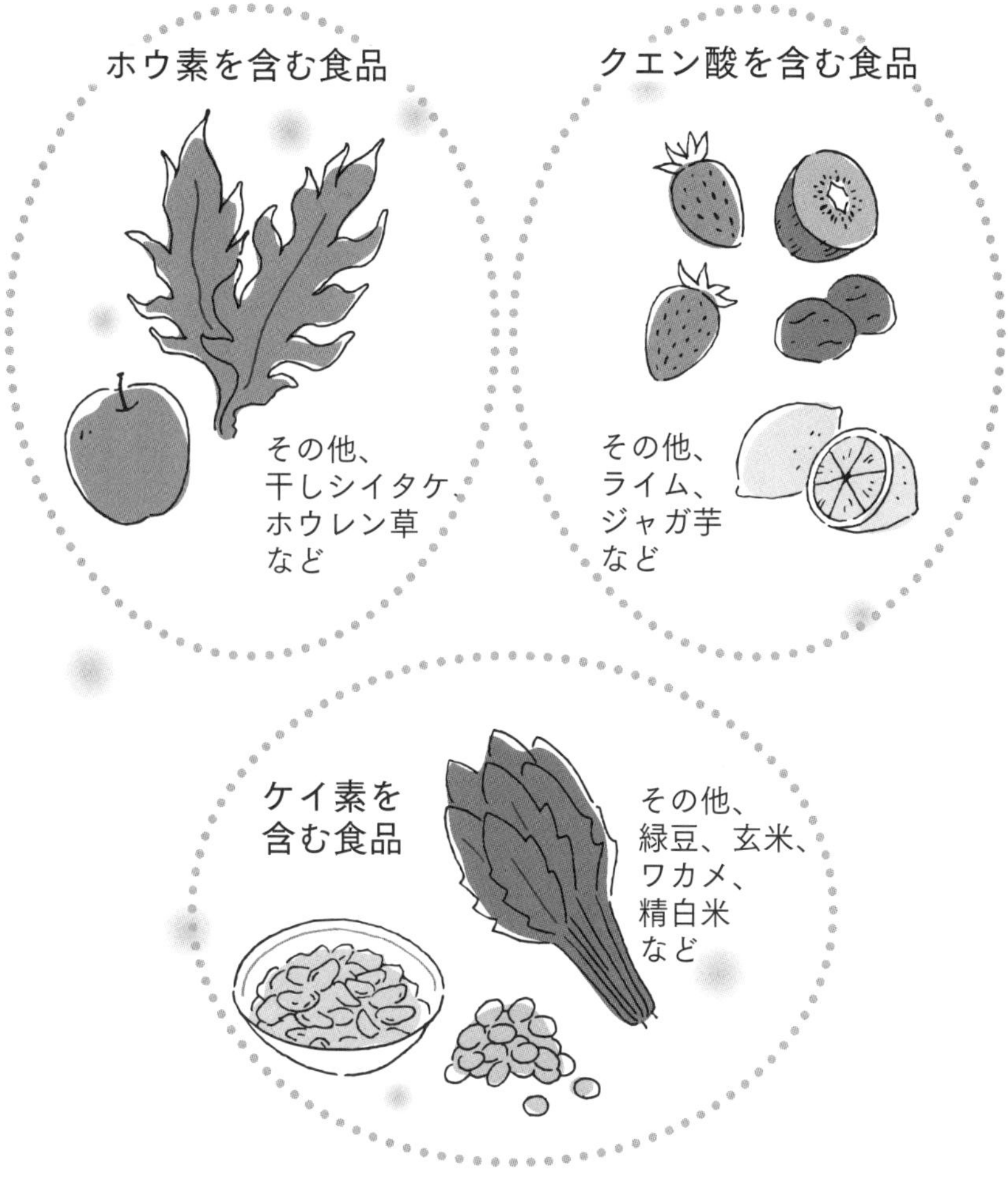

●クエン酸→レモン、ライム、梅干し、イチゴ、キウイ、ジャガ芋など

②夜間はLEDライトの光を避ける

スマートフォンやパソコンなどを夜遅くまで使用すると、松果体からのメラトニンの分泌が制御され、生体リズムが乱れます。現代の生活では、なかなかLEDライトを避けることはできませんが、自分のリズムが乱れていると感じる方は、夜間にスマートフォン、パソコンを見るのを少し休んでみてください。

③自然のエネルギーに触れる

海は浄化作用が高く、海辺の空気には心身をクリアにする力があります。海まで出かけられないときは、公園など緑が多い場所で、太陽の光や新鮮な空気、大地のエネルギーを感じましょう。「忙しくてそんな時間すらない！」という方は、エッセンシャルオイルで植物のエネルギーを感じましょう。好きな香りを空気中に漂わせて深呼吸したり、アロマバスでのんびりリラックスしたり、頭を休めて「無」になる時間をつくってみてください。

④真っ暗闇を体験する

おすすめは、自然の中でのキャンプです。夜になったら明かりを消して、夜の暗闇を感じてみましょう。都会の生活ではなかなか真っ暗闇を体験することが難しいですが、光のない世界を感じることは、松果体にとってすばらしいケアとなります。心を静かにして自然の暗闇の中に溶け込み、一体となる感覚をぜひ味わってみてください。月のエネルギーを浴びる「月光浴」もおすすめです。

column

第7チャクラの覚醒って？

第7チャクラは覚醒のチャクラともいわれています。覚醒というと、急に現実離れするような感じがするかもしれませんが、特別に難しくとらえることはありません。

・生きることに対して無条件の安心感をもって（第1チャクラ）
・他者と関わることで自分という個の存在を知り（第2チャクラ）

・世界に1人の自分という価値を外の世界に表現し（第3チャクラ）
・確立した自分で他者と心を交わしながら成長し（第4チャクラ）
・自分を信頼して心から正直な自己表現をし（第5チャクラ）
・起きる出来事の本質を理解しジャッジを手放し（第6チャクラ）

ここまでステップが進むと、自然と第7チャクラが活性します。ふわっと花開くように、肩の力が抜けた自然体の「わたし」になっていることに気づくでしょう。それは解放的でとても軽いエネルギー状態といえます。覚醒というのは、自然と笑顔があふれ出るような幸せの感覚ということなのかもしれませんね。

Part 9

自己実現

精油と第８チャクラ

第８チャクラと共鳴する精油

ネロリ
アイリス
アンジェリカ
ローズウッド

第8チャクラのテーマ

第8チャクラは一般にソウルスターチャクラといわれています。ソウルスターとは、人が本来の目的を生きるための魂の情報が詰まっているとされる場所。そのため、このチャクラが活性すると宇宙と共鳴しはじめ、私たちは魂の目的に沿って生きることができるのです。

このことから、**第8チャクラは私たちが生まれ持った個性や可能性を生かし、充実した人生を送るための「自己実現」のチャクラともいえます。**第1から第7チャクラの学びを通じて、「これが私なのだ」という実感を掴み、個性や才能を社会の中で生かしながら、もう一度、自分自身を生きていく。そんなイメージでとらえてもよいでしょう。

音の世界は、「ド・レ・ミ・ファ・ソ・ラ・シ」の7音でワンセット。その次の8音目の「ド」からは、一つ上の音階がはじまります。第8チャクラは、ちょうどこの8音目の「ド」と同じ役割を担っています。より高い意識にステップアップし、その意識を持ちながら、自分の現実を生きていくということになります。

ただ、チャクラというと第1～第7チャクラまでが一般的なので、第8チャクラについてははじめて聞いたという方がいらっしゃるかもしれません。実は私たちが関知できるチャクラの世界は進化し続けており、現時点では第13チャクラまであるという説もあります（第8チャクラは実は第11チャクラにあたるともいわれている）。それだけ、私たちの感知能力が高まってきているということなのでしょう。

チャクラの思想が生まれた古代インドの人々は、現代人にくらべると寿命も短く、限られた人生の中で厳しい修行を重ね、悟りを開いた人だけがチャクラを感じていたのかもしれません。しかしいまや、医療が発達し、日本人の平均寿命は84歳。生活も、古代インドとは比べものにならないくらい便利で快適です。行きたい国にも自由に行けるし、インターネットの普及で世界中のあらゆる情報を簡単に手に入れることができます。チャクラの思想が生まれた時代から進化して、すでに豊かさを手に入れている現代の私たちにとって、第8チャクラにはどういうテーマがあるのでしょう？

それは真の生きる意味、「魂の目的に沿って生きる」ということを、現実の中で体験することです。

なお、第8チャクラの場所は、頭のてっぺんからおよそ15㎝上に位置します。いわゆる

「天使の輪」のイメージですね。天使の輪は崇高な魂を意味し、その人の後光やエネルギー体を描き表したものとされています。第1から第7チャクラとの大きな違いは、肉体を離れた場所、つまり「個」を超えた領域にあるということ。**第1から第7チャクラは個人の現実的なテーマの領域ですが、第8チャクラはエゴや個を超えて、「社会」とつながるチャクラともいえます。**

天使というと想像上のものというとらえ方が主流ですが、天からの使命を理解し、地上でそれを体現している人という意味も含んでいます。そう考えると、現実社会の中にも天使はたくさんいることに気づきませんか。「白衣の天使」と呼ばれる看護師さんなどは、その最たる人たちだといえるでしょう。

さらに、第8チャクラは「個」の領域を超え、「社会」とつながっていくチャクラです。**現実社会の中で、いかに自分らしく生きて、そこからどれだけ社会に貢献し、現実社会の中で幸せを感じていくか。この循環を繰り返しながら、世の中全体のエネルギーを高めていくという学びのテーマをもっています。**

そのために必要なのは、お金をどれだけ稼げるか、どれだけ立派な肩書がもらえるかではありません。自分自身が心から楽しい！と思い、それを実行することで自らのエネルギーが自然に高まるようなことを、現実世界の中で表現し、行動していくことが重要になります。

自分の内側を変えれば目の前の現実も変わる

また、私たちは肉体のレベルを高めるほど、物事の感知能力が鋭くなり、日々の生活の中で得るスピリチュアルな気づきも増えていきます。それらを味わい、自分自身の中に取り込み、いかに自分らしく生きていくか。こうした**気づきの循環も大切なテーマ**です。「8」という数字は、横にすると無限大（∞）を表す記号になります。これは循環も意味していますね。

自分自身を労わり、愛し、自分が本当に生きたい人生を体現する。そして、その充実感を周囲に広げて生きていく。これまでの生き方を変えて、こうした意識を持てるようになると、たとえ外側の世界が何も変わらなかったとしても、そこから得られる気づきの質は変わっていきます。

生き方を変えるというと、「仕事を変えたほうがいいのかしら」「今のパートナーではなく別のパートナーと出会うべきなのかな」など、外側の何かを変えなくてはいけないと感じて、不安に思う人も少なくありません。そして、自分は何も変えられないという無力感を覚え、「私は自分らしくなんて生きられない」と立ちすくんでしまいます。

けれども、不安になる必要はありません。外側の世界を変えなくても、自分自身の気づきが深まれば、仕事が変わらなくても、パートナーが同じ人でも、まずは楽しい！　と思えることから始めればよいのです。

本人のエネルギーが変われば、目の前の現実も自然と変化していきます。ですから、まずは自分の外側を変えようとするのではなく、内側を心地よく変えていくことが先決といえるでしょう。内側で変容したエネルギーは自然と外側に流れ出し、自分の目の前の世界もそれに見合ったものに変化していきます。

自分が望む現実は、自分の内側を見つめ直すことで、いつからでも創造し直すことができます。この地球で生きている今、それをゲーム感覚で楽しんでいきましょう。

エネルギーのカラー　Magenta　マゼンタ

自然界の象徴：熟した木の実、古い血

「マゼンタ」のテーマ：成熟、実り、思いやり、奉仕、仕事

第8チャクラのカラーといわれるマゼンタは、赤紫色をしています。その前の第7チャクラの学びで「本当の私」に目覚めたあとに、もう一度、新たなスタート地点に立つということから、第7のヴァイオレットに第1のレッドが混ざり、マゼンタ色になっているのです。**第8チャクラは思いだけでなく行動力も駆使して「自己実現」していくためのチャクラといえます。**

また、第8チャクラは身体から離れた場所にあるので、「私」という「個」を凌駕し、世界のすべてとつながる「社会」のチャクラと考えます。

肉体から離れた場所に位置するため、このチャクラが作用する内分泌系の器官はありません。ただし、私たちのエネルギー体に関わっているため、肉体およびエネルギー体を含む全体の調整を司っています。

マゼンタは、非常にヒーリング効果が高く、細胞を活性し、心身の疲労感の回復に大きく作用します。そのため「治療にもっとも適した色」といわれています。

最近は看護師でマゼンタ色のウェアを着用している人がいることをご存知ですか？と

ても目を引く色なのですが、病院内で目にすると、不思議と心がやすらぎます。看護師という仕事につく人たちのヴァイブレーションも、第8チャクラにつながるものがあるからでしょうか。天から持ってきた自分の使命を理解し、それを地上で生かしながら、人々に仕えて社会貢献していくということを体現している。そんなエネルギーを感じます。

仕えるというのは、決して稼ぎの良し悪しや知名度ではかられるものではありません。マゼンタはレッドの色味が強いことから、自分の「肉体」を使って、魂が本当にやりたいと望むことを行っていくという行動力のサポートとなります。そのせいか、第8チャクラが活性している人は、看護師、介護士、セラピストなど、自分の肉体を通して人を助ける職業に就いている人が多いように感じます。

また、その一方でこの色は好き嫌いがかなりはっきりと出る色でもあります。すでに自分の使命などがわかっている人には好まれるのですが、この色が苦手な人は「暗い」「重い」「お年寄りの色」などの感想を口にされます。

カラーセラピーのクラスで、「マゼンタは仕事や社会での役割を示す色なのですよ」と伝えると、自分は社会に貢献していないと感じている人は「ああ……だから嫌な色に見えたのかもしれない」と最初は考えます。

そこで、「社会貢献というのは、自分が本当にやりたいことをして社会とつながり、そこから生まれる循環の中で生きることなんですよ」とお話ししています。たとえば、おいしいものを食べることが大好きな人が、「おいしい料理を食べたい！」と思って、お店を探して食べに行くとしましょう。その行為は「おいしい料理をつくりたい！」という人たちをサポートします。おいしい料理をつくりたい人は、さらにお客様に喜んでほしくて、身体にやさしい食材を探すかもしれません。するとそれは、地球にやさしい農法で作物をつくる農家の人たちを支援することになります。

このように、私たちが魂のレベルで望んできたことは、必ず循環して世の中のためになります。人のためになる何かではなく、自分が楽しく幸せになれる何かを見つけて、それを素直に社会の中で表現していけばよいのです。

「社会貢献ということを難しく考えず、自分が心から楽しいと思うことをやっていればいいのです。それが社会に仕え、自分の人生を楽しむことにつながるのですから」と伝えると、「あれ……色がきれいに見えてきた。さっきと全然違う」という方も多いのです。

不思議なことですが、色や香りなど感覚で受け取るものは、自分の意識のあり方で感じ方がまったく異なってきます。そこからも、自分の内側の意識が外の世界をどう感じるかに影響することが理解できますね。
カラーセラピーの視点でみると、マゼンタの色が気になるときは、次のようなことが考えられます。ぜひ、ご自身の状態を知る目安にしてみてください。

バランスがとれているとき
・自分の人生を生きている実感がある
・些細なことにも感謝がわきあがる
・好きなことで社会貢献している。またはしたいと思う。

バランスがとれていないとき
・人につくし過ぎる、自己犠牲
・目先のことばかりに意識が向く
・頑固になり人の意見を聞かない

マゼンタの波長をもつエッセンシャルオイル

第1から第7チャクラが統合された「私」の才能を現実社会で生かしていくことがテーマの第8チャクラは、第7チャクラのヴァイオレットにグラウンディングの第1チャクラのレッドが加わったマゼンタです。この色と共鳴する代表的な香りはローズウッド。木の幹がマゼンタ色に見えるのも特徴です。また、シダーウッドもローズウッド同様、第8チャクラと共鳴し、これらの香りは第1から第7までのチャクラを統合する際のサポートを担ってくれます。

このほか、第8チャクラと響き合うネロリ、アイリス、アンジェリカは、神聖さを内包しながらも個性がハッキリした香りで、目的意識をもったスピリットを高揚させます。

ここでは、第8チャクラを代表するエッセンシャルオイルとしてネロリ、アイリス、アンジェリカ、ローズウッドの4種を詳しくご紹介します。

ネロリ／Neroli

学術名：*Citrus aurantium*
科名：ミカン科
抽出部位：花

ザ・第8チャクラの香りといえばネロリ。この香りは20年ほど前には「とても繊細で誰からも好かれる香り」と説明されることが多かったのですが、最近は香りのとらえられ方が変わってきています。以前は比較的万人受けしていたネロリですが、最近では「すごく好き！」という人と、「強すぎて頭がガンガンするから苦手」という人と、半々にわかれるようになってきました。

これまで、チャクラというと第7までが主流でしたが、最近では第8チャクラの存在も知られるようになっています。これは、社会の中で自分をどう生かしていくか、というところに人々の意識が向きはじめたからだと考えています。

そうした時代の流れの中で、ネロリの香りはスピリットを高め、「私はこうやって生きる！」という意欲を応援する香りとなってきました。その反面、「自分の存在意義がわからない」「社会にどう貢献したらいいかわからない」という人からすると、この香りは不快に感じられるのかもしれません。

私たちは人のために生きるのではなく、自分を幸せにするために生まれてきました。ですから、まずは自分が幸せになることをして、自分自身を満たすことが必要になるのです。「おいしいごはんをおなかいっぱい食べたい！」「お洒落を楽しみたい！」「いろんな国を巡りたい！」など、魂が体験したいと決めてきたことは、本当に千差万別です。だからこそ、**自分の内側から聞こえてくる声に従って、自分が体験したいと望むことを体験していく。それが社会貢献につながっていきます。**

ネロリを苦手に感じる方は、こうしたことを「社会貢献できる生き方をしていないし、どう生きていいかもわからない。だから、ネロリの香りで頭が痛くなったのかしら……」とネガティブに受け取ってしまいがちです。

でも、まずは自分の好きなことをして、自分自身を満たしていくことが、社会での循環につながるという話をすると、「ああ……それでいいんですね」と安心されます。そして、その後にネロリを嗅ぐと、「あれ、さっきと違って、心地よく感じます」という、不思議な現象がよく起こるのです。物事に対する理解や意識を変えることで、自分が感じる世界も変えていけるということですね。

おすすめの使い方

スピリットを高揚させる香りなので、仕事モードにスイッチしたいとき、意識を高めたいときに嗅ぐとよいでしょう。香水のブレンドに加えると華やかで印象的な香りに仕上げることができます。美肌作用に優れているのでスキンケアにもおすすめです。

アイリス／Iris

学術名：*Iris pallida*　*Iris germanica*　*Iris florentina*

科名：アヤメ科

抽出部位：根茎

香りが華やかなので「花の香りですか？」と聞かれることが多いのですが、アイリスは球根から抽出される香りです。日本ではアヤメ、菖蒲ともいわれ、紫系の色がポピュラーですが、実際にはさまざまな色の花があり、まるで虹のようなことから「アイリス」という名前がつけられました。

これはギリシア神話に登場する虹の女神「イリス」が語源で、この女神の特徴は翼をもっていること。雨あがりの空に虹がかかると、それは天と地を結ぶ架け橋だと考えられていました。そして、翼をもつイリスは神々と人間の間をつなぐメッセンジャーとして、私たちに神からのメッセージを下ろしてくれると考えられていたのです。

天と地を結ぶ虹の象徴ということから、**魂が決めてきた使命を思い出させる香りともいえます。使命は特別なものではありません。「自分はこれをやっているときが楽しい！」「これをやっていると、とても満たされた感覚になる」ということ。あなたにとって、そういう感覚を覚えるのは、何をしているときでしょうか。**

私にとっては、アロマセラピーがそれに当たります。身体が小さく、手も小ぶりなので、私はセラピスト向けの体格ではありません。セラピストになりたての頃、「そんなに背が小さいのに、まさか施術しているとか言いませんよね？」と同業者に鼻で笑われ、ずいぶん悔しい思いをしてきました。それでも、アロマトリートメントを続けることが楽しくて、止められなかったのです。

もしそこで、「私は背も低いし、手も小さいから、セラピストは向いていないのね」と勝手に自分自身をジャッジしてやめていたら、今の私はなかったでしょう。まわりにどう思われても、「アロマが好き！」という思いが私を突き動かし、施術を受けてくれる人がいる限り、やり続けようと思っていました。こうした経験を通じて、自分の使命に気づいていったように感じています。

もし、あなたの中に何かワクワクすること、大好き！と思えることがあるなら、周囲からの声を気にしたり、他人と比較したりせず、自分の心が求めるものに素直に手を伸ばしていってください。

やりたいことがあったとしても、「お金がないからできない」「時間がないから」「家族がいい顔をしないから」などの言い訳を並べて、動けなくなってしまう人がいます。でも、自分が本当にやりたいことは、誰がなんと言おうと、お金があってもなくても、時間がなくても、どうしてもやりたいものだと思うのです。

「今は無理だけど、いつかやるから……」と言い続けていたら、あっという間に10年、20年と経ってしまいます。「どうしてもやりたい！」というハートからの声が聞こえたら、思いきってその声に従い、ときには自分の意志で突き進んでみてはいかがでしょうか。

なお、**アイリスは球根から採られるオイルなので、グラウンディング力がとても強いの**

が特徴です。それと同時に、感覚的な気づきの能力を高め、ソウルメイトを見抜く力も授けてくれるといわれています。

おすすめの使い方

１００％原液のアイリスは非常に高価なので、香りを楽しむなら１％程度に希釈された状態で販売されているもので十分です。ただその場合、マッサージなどに少量使うとすぐに香りが飛んでしまうので、お出かけ前に耳の裏や手首などにつけて、香水のように使うのがおすすめです。

アンジェリカ／Angelica

学術名：*Angelica archangelica*

科名：セリ科

抽出部位：根茎

別名エンジェルグラス、ホーリースピリットルート（聖霊根草）ともいわれ、天使界のリーダーである大天使ミカエルとつながる香りです。「天使が『この薬草にはすばらしい薬効がある』と言った」という言い伝えもあるそうです。

ミカエルは男性性の存在なので、絵画の中でも男性として描かれていることがほとんどです。そして、必ず剣を持っており、サタンを倒す勇ましい姿で描かれていることが多いのです。このサタンは、私たちの中に潜んでいる不安や恐れを表しています。そこから**アンジェリカは「不安と力の精油」ともいわれ、自分の中の不安に打ち勝つパワーを与え、自己信頼を高める香りとされています。**

心身の疲れに積極的なパワーをくれる香り

アンジェリカは西洋当帰と呼ばれています。当帰といえば、漢方の当帰芍薬散が有名で、薬効が非常に高いことが知られています。エッセンシャルオイルも神経の疲れを改善し、身体を温めてパワーを与えてくれます。

「たいへんだけど、でもやりたい！」と、自分が好きなことにひたむきに打ち込む人を応援する香りで、「疲れているけれど、今は休みたくない」という気持ちをグッとあと押ししてくれます。自分の中でがんばりたいと思っていることがあるけれど、心身に疲れが出てきているというときに使うとよいでしょう。

抽出部位が根なので、非常にグラウンディング力があり、自分の中の迷いや恐れも打ち消すようなパワーをもっています。そのため、好き嫌いがはっきりと分かれる香りです。この先、自分がどうしたいかわからない人がこの香りを嗅ぐと、「それで、どうしたいの？」と責められるような気持ちになってしまい、逆に「私はこうしたい！」という意識を持っている人にとっては、それを強力にバックアップしてくれるように感じるでしょう。

もし、責められるような気分になっても、落ち込むことはありません。今はまだ、気づいていないだけで、必ずあなたの中にも「これをやりたい！」という思いはあるはずだからです。それを見つけるために、ぜひ本書で紹介しているカラーや香りを活用してみてください。心の中で「これ！」と思えるカラーや香りが、今のあなたをサポートしてくれるはずです。

太陽の光をたっぷり浴びた柑橘系の果物のエッセンスには光毒性があるものが多いのですが、根から採れるアンジェリカにも光毒性があります。なぜ根から採れるオイルに、光毒性があるのか不思議ですね。

それだけアンジェリカにはパワーがあり、たとえ地中であっても光のエネルギーを集める力が強いといえるでしょう。そうした性質から、**不安や恐れの中にいたとしても、自分の内側に希望を見出したいという人におすすめの香りです。**

おすすめの使い方

全身の強壮剤として使えるので、マッサージにおすすめです。疲労困憊という人に使うと、大きなリフレッシュ効果があります。もちろん、精神的な疲れにも効果的です。スキンケアにも使えますが、光毒性があるため、日中肌に使用する場合は濃度が0.7％以下になるようにして使ってください。

ローズウッド／Rosewood

学術名：*Aniba rosaeodora*
科名：クスノキ科
抽出部位：木部

ローズウッドは、木の芯材がマゼンタ色をしていることから、第8チャクラに響く香りといえます。一般的に第８チャクラのテーマは、自分への愛を現実に生かすこと。そして、**このローズウッドは愛の感覚を呼び戻す香りといわれています。**

ただ、精油業界では、流通がなくなるといわれて供給量が減少し、そこからまた復活するというのを繰り返し、供給に不安定なところがあります。こうした現実も、何か意味のあることなのかもしれませんね。おそらく「今あるからといって、それが永遠にあるとは限らない」「目の前にあることは永遠ではない。だからこそ、今を大事にしてほしい」というメッセージなのではないかと感じています。

また、ローズウッドは熱帯の木なので成長がとても早いのですが、年輪が少ない分、材質はとてもかたいのです。そのかたい部分から抽出されるエッセンシャルオイルなので、強い自分軸をつくる際のサポートとしても役立ちます。

他人に惑わされない「自己の確立」をサポートする香り

明確な自分軸を持ち、自分で自分を愛で満たすことができれば、いろいろな人との関わりの中で学びを深め、人として成熟していくことができます。すると、恐れがだんだんとなくなっていきます。自分自身に安心感を持っていれば、「この人がいなくなったらどうしょう」という依存も生まれません。自分をそうした状態にしていくことで恐れを手放し、人生には必要なことしか起こらないと理解することができます。「来る者は拒まず、去る者は追わず」という気持ちで、ゆったりと構えていられるようになるので、本当に必要な人とだけ一緒にいられるようになっていくのです。

真の優しさとは、人につくすことではありません。愛ゆえに厳しいことを伝えなくてはいけないときもあるでしょう。そのときに「これを言ったら、この人は離れていってしまう」という恐れで一歩を踏み出せないのだとしたら、本当の愛を体感するために、あえてその一歩を踏み出してみませんか。たとえ、そのとき相手が自分から離れていったとしても、ただそれだけのこと。そこで縁が途切れるかもしれませんし、あなたの言葉の真意に相手がいつか気づいて、戻ってくるかもしれません。

自分を愛するということは、自分の好きなこと、自分が信じることを貫きながら生きていくということ。そのために必要な強い軸をローズウッドの香りは与えてくれます。

なお、ローズウッドはもちろん、第8チャクラの香りとして紹介しているものはどれも、氣のプロテクションに非常に役立ちます。外出する際に、これらの香りを香水がわりに使ったり、ハンカチなどに含んだりして出かけると、気疲れしにくくなります。

おすすめの使い方

ローズウッドは禁忌がないので誰でも手軽に香りを楽しむことができます。敏感肌にも使うことができるのでスキンケアにもおすすめです。華やかな香りなので芳香浴やアロマバスにも。慢性的な疲労感を感じている方であれば、ぜひマッサージで使ってみてください。神経の疲れがリフレッシュしてバイタリティを回復してくれます。

おすすめワーク

① 「氣」を補充する

私たちの肉体を包んでいるエネルギー体を意識してみましょう。外部のエネルギーや菌・ウィルスなどから身を守っているフィールドを強化することで、自分のエネルギーを守り、より私らしく生きられるようになります。エネルギー体を満たすには、しっかり睡眠をとり、エッセンシャルオイルを積極的に活用することが肝要です。**エッセンシャルオイルはいってみれば植物の氣の塊。日々香りを楽しむことで自然と氣を補うことができます。**

②好きなことをする

自分が楽しいと感じること、ワクワクすることを日々選択、実行すると自分の使命に早く気づけるかもしれません。なんとなく日々を過ごすのではなく。自分の心が動くものを意識的に取り入れ、根拠はないけれど「気になる！　ピンときた！」という直感に従って行動してみることも大切です。

column

英語で感じるチャクラ

各チャクラのテーマを英語のフレーズで表すと次のようになります。「I」＝わたしは、「do」＝○○する、というシンプルなものです。

自分にとって必要だと感じるチャクラの場所に手を置いて、このフレーズを繰り返しゆっくりと唱えてみましょう。英語でも日本語でも、自分にしっくりくるほうで構いません。だんだんとその部位が温かくなり、活性されていくのを感じてみましょう。

第8チャクラの場合は、頭上15㎝くらいのところに位置するので、そのあたりを意識しながら行ってみてください。

第1チャクラ（尾てい）：　I am　（私は存在する）
第2チャクラ（丹田）：　I feel（私は感じる）
第3チャクラ（みぞおち）：　I do（私は行動する）
第4チャクラ（胸の中央）：　I love（私は愛する）
第5チャクラ（喉）：　I speak（私は伝える）
第6チャクラ（額の中央）：　I see（私は見つめる）
第7チャクラ（頭頂）：　I understand（私は理解する）
第8チャクラ：　I live（私を生きる）

※第8チャクラは肉体を離れた領域にあり「I」の概念は消え去りますが、「自分とは何者か」を知り、使命に沿って生きるというニュアンスで「私を生きる」としました。

エピローグ

チャクラのバランスを調える——これは特別なことではありません。難しいものと思って敬遠したり、情報や方法論ばかりを詰め込んだりするのではなく、誰にでもチャクラシステムが備わっていることを理解し、意識を向けるだけで、いつからでもチャクラを調えることはできるのです。

チャクラは必ずしも第1チャクラから順に調えていかなければならないものではありませんし、また、一度調えたら終わりというものでもありません。

チャクラのバランスが調うということは、本来の「自分らしさ」を取り戻し、持って生まれた個性や才能を最大限に発揮して生きるということなのです。私たちの可能性は無限です。だからこそ、つねにチャクラのバランスを意識し調えていくことで、より自分らしさは輝きを増し、無限の幸せへと歩みを進めることができるのです。

生きているものは止まることなく、絶えず成長し続けるので、チャクラのバランスも絶えず変化しています。完璧にバランスがとれて、そのままを維持するということはないかもしれません。私たちが絶えず成長し続けるのと一緒に、チャクラバランスも変化するのです。

ですから、完璧なバランスをとるためにやっきになることなく、色や香りをヒントにして、今自分がフォーカスすべきチャクラのテーマに気づき、自分にとって楽しく、心地よい方法でケアしてみてください。

色や香りは、「今」という瞬間を幸せで満たしてくれます。

そうすると、物事の見方が変わり、問題だと思っていたことが、実は「成長のチャンス」だととらえられるようになります。

人生で起きるさまざまな出来事。それは自分を苦しめるために起きているわけではなく、自分がより自分らしく生きるための試金石ともいえるでしょう。困難な出来事は本当の幸せに気づくために起きていると理解するには、一度自分を「幸せ」の中に住まわせてあげる必要があります。苦しみの中にいると苦しみにしか気づけず、幸せの中にいれば幸せに気づくことができるからです。

そこでは色や香りが頼れる存在となります。

好き！　と感じる色や香りは、私たちをスピーディーに「幸せ」の世界へと連れて行ってくれます。幸せという感覚がどのようなものだったかを、簡単に思い出させてくれるでしょう。

そして、目の前の「今」に幸せを感じられたら、それが幸せな人生の基盤となります。

自分の幸せな人生を創造する。

そんな楽しいチャレンジを持って私たちは生まれてきています。

心惹かれる色。好き！と感じる香り。そこにつながるチャクラのテーマ。その意味を理解し、生かして、少しずつでも自分の幸せを感じる瞬間を増やし続けることで、最高の人生を築いていってください。

私たち一人ひとりが、幸せにあふれた人生を送ることは、そのエネルギーが全世界を包み込み、地球全体を幸せで満たすことにつながります。私たち全員に、自分を幸せにする権利と責任があるということを、どうか忘れずにいてください。

本書の刊行にあたりまして、前書から引き続き、私の考え方や思いを引き出し、すばらしくまとめてくださった岡田光津子さん、一般の方に伝わりにくいチャクラをテーマにすることをご快諾くださり、編集をご担当くださった福元美月さん、ＢＡＢジャパン代表取締役の東口敏郎社長、その他ご協力くださったスタッフの皆様、厚く御礼申し上げます。

そして、レッスンを通してチャクラへの学びをともに深めた受講生の存在がなければ、本書の実現化はなかったことと思います。チャクラ講座にいらしてくださった皆様へ、心からの感謝を申し上げます。

２０１９年５月　小林ケイ

著者紹介

小林ケイ

Kei.K Aroma Studio（小林ケイ　アロマステューディオ）主宰。
一般社団法人エッセンスオブヒール代表理事。
英国 ITEC 認定アナトミーフィジオロジー＆ボディマッサージセラピスト
英国 ITEC 認定アロマセラピスト
日本アロマコーディネーター協会（JAA）認定インストラクター
センセーション・カラーヒーリング　カラーセラピスト＆ティーチャー
英国ピーター・ウォーカー　ベビーマッサージ認定ティーチャー

20 代のころ、自律神経失調症を患い、自宅から出られない日々を送る中、アロマセラピーと出合う。香りが心身に及ぼすメカニズムを学び、アロマトリートメントの技術を習得。研鑽を積むうちに、病から解放されていることに気づく。精油の知識だけでなく、香りから得られる直観、香りの好き嫌いからその香りを嗅いで浮かぶイメージを大切にすることで、精油がもたらす心身への作用を深く知る独自のメソッドに、全国から生徒が殺到。自身が主宰するスクールだけでなく、外部からの講師や講演のオファーも多数。著書に『人生を変える！　奇跡のアロマ教室』（小社刊）。

執筆協力　「cosmic flow」岡田光津子
イラスト　佐藤末摘
デザイン　石井香里

つねに幸せを感じる
アロマとチャクラのレッスン
8つのカラーと26の精油で「今」を変える

2019年6月5日　初版第1刷発行
2023年11月15日　初版第6刷発行

著　者　小林ケイ
発行者　東口敏郎
発行所　株式会社BABジャパン
〒151-0073 東京都渋谷区笹塚1-30-11　4・5F
TEL　03-3469-0135　FAX　03-3469-0162
URL　http://www.bab.co.jp/
E-mail　shop@bab.co.jp
郵便振替　00140-7-116767
印刷・製本　中央精版印刷株式会社

ISBN978-4-8142-0211-9 C2077